サービスの心得

高萩徳宗
Takahagi Noritoshi

はじめに

この本を手に取ってくださった方は、業種や立場にかかわらず、「サービス」に関心をお持ちのはずです。一般にサービス業と呼ばれる仕事だけではなく、公務員の方や医療や教育に従事されている方、建設やインターネット関連の仕事をされている方もいらっしゃるでしょう。


そもそも、サービスとはいったい何なのでしょうか。

サービス業とは、どんな仕事なのでしょうか。


私は自身の経験から、サービス業とはそのスタイルや外見を指すのではなく、社会的に言われている分類でもなく「人を幸せにする仕事」を指すと考えています。

そうであるならば、この社会に存在するすべての仕事がサービス業であると言えます。

なぜならすべての仕事は人を幸せにするために存在するからです。

ところが実際に行われている仕事を見てみると、お客様は本当に望むサービスを受けているとは言えないケースが多く、決して幸せではなさそうです。

経営者も不景気だ、デフレだ、サブプライムだと嘆くばかりで、利益がしっかりとは出ていないように見えます。

何より私が心配なのは、現場で働くスタッフの人たちです。もう十分に頑張っているのに、経営者からは「もっと頑張れ」とお尻を叩かれます。お客様からはお叱りやクレームを頂き、その現状を理解してはくれない経営者とお客様の間で板挟みになっている悩みを多く耳にします。

私は東京でベルテンポ・トラベル・アンドコンサルタンツという小さな旅行会社を経営しています。以前、「ガイアの夜明け」というテレビ番組で取り上げていただいたので、ご記憶にある方もいらっしゃるかもしれませんが、お体に障害がある方やご高齢の方など、旅がしにくい方に旅のきっかけを提供する仕事をさせていただき、一年の半分ほどはお客様と一緒に旅をしています。

その合間に全国で講演活動やセミナーの講師をさせていただいています。旅行という現場を持っている人間として、経営者の目線で「お客様本位とは何か」「お客様は本当のところ何を求めているのか」「サービスの本質とは何か」「サービスのあるべき軸とは何か」ということを、企業や自治体の方などに向けて伝え歩いています。

本業の旅行業は社員3人と私だけの小さな会社ですから、実際の旅行の現場には社長である私がご一緒させていただくことがほとんどです。国内、海外と旅先でお客様と寝食を共にする時間が長くなり、仕事中にお客様からさまざまなお話を伺う中で、お客様が実際におっしゃることが、サラリーマン時代に上司から言われたことや、接客や接遇について今まで教えられてきたことと必ずしも一致しなかったのです。いや、一致しないどころか、真逆のことを言われることが何度もありました。

サラリーマン時代を振り返ってみると、現場にはさまざまな「大人の事情」が存在し、サービスが必ずしも「お客様本位」ではありませんでした。善意で仕事をしようと考えても、組織の中ではお客様想いになれないことがある現実をたくさん見てきました。
限界をすでに超えている安売り、価格を下げることによる品質の低下、品質が低下することによるクレームの多発、そして対応に追われる現場スタッフの疲弊。堂々巡りのスパイラルから脱する気力もなくなって、その現実にマヒしている自分がそこにはいました。

ある時期、商品事業部に所属し、クレームに対するお詫び状を毎日何十枚と書く仕事を担当していたことがあります。毎日毎日、決まったテンプレートの宛名だけを書き換えて印刷し、お詫びの粗品と共にお客様にお送りする。笑い話にもなりませんが、書き換えたはずのお名前が古いまま残って違うお客様に届き、クレーム対応がさらにクレームを呼ぶこともありました。今思い出してもよくあれだけのお詫び状を作ったものだと思います。

このような不本意な仕事をせざるを得ない現実は、どの業界にも多かれ少なかれあるのではないでしょうか。問題がまったくないと言い切れる業界がいくつあるでしょうか。同業他社と血肉の争いを繰り返し、企業によってはグローバルな戦いを挑むために、多くのことを犠牲にして、働く人は精神が疲弊しています。戦いの後には何が残るというのでしょう。株主利益でしょうか、取り扱いシェアでしょうか。

企業には利益という短期目標があるのは当然ですが、その先には「人々の幸せを創造する」という、社会における企業の存在意義があるはずです。私はその存在意義を継続させるために、サービスの考え方を明確に定義すべきだと考えます。

そんな想いから、私はサービスを深く体系的に学びたいと考え、サービスについて書かれている本を片っ端から読み漁りました。参考になる本はたくさんありました。その中の何冊かは今でも私にとってサービスのバイブルでもあります。

ただ、世の中に送り出されているサービスに関する本は、ごく一部を除いて、①アメリカで出版された本の翻訳本、②接客について書かれた本、③高級ホテルやテーマパーク、レストランなどの究極の成功本がほとんどでした。

これらの本をどれだけ読んでも、町のクリーニング屋さんや酒屋さんや公務員さんは、「じゃあ明日からどうすればいいんだ」ということがわからないのです。製造業や建設業で働く人も明日からどうしたらの良いのかわかりません。

自分なりにいろいろと試してはみても、売り上げやリピート率に直結するわけではありませんし、成功本のマネをしても、お客様からのクレームが減るわけでもありません。

こう話すと「いや、俺はすぐに実践に移して結果を出している」とおっしゃる方もいるでしょう。そういう方は、すぐれたセンスと学習能力、置き換え能力をお持ちなのです。


そんなセンスや能力を持ち合わせていない私のような経営者は、今日も明日も高級ホテルやテーマパークの本を読んで「そうだ、これだ」と閃いてしまい、すぐにマネをしてはサービスが上滑りします。社長が上滑りすればするほど、社員が振り回されて迷惑するという試行錯誤を繰り返すだけになります。

私は周りの人の応援を得ながら会社を世に送り出してまだ11年です。たびたび理想や考え方が上滑りして、社員はもちろんお客様にもたくさんの迷惑をかけてしまいましたが、私にはふたつの幸運がありました。


ひとつは、本当のことを言ってくれる社員がいたことです。

できの悪い私があまりに心配なのか、当社の社員は私に対して何でもズバズバとものを言います。おかしいことはおかしいと。反対なら反対と。

自分の意見と異なる発言を押さえつけてひとりよがりの経営を続け、気がついたらダメになってしまった経営者をたくさん知っています。私がそうならずに済んだのは、厳しくも優しいスタッフがいてくれたからです。

もうひとつの幸運は、お客様の近くにいる時間が長かったことです。

私は年間の半分近くを旅先でお客様と過ごしています。大型団体ツアーなどの添乗サポートであればお客様とそれほど親密になることはありませんが、障害がある方やご高齢の方の旅行の場合はお客様との距離が近いため、旅行中に信頼関係を築くことができます。

現場で私は日頃疑問に思っていることやわからないことをどんどんお客様に聞きました。メモや筆記具を手放さず、お客様が口にされた些細なことも必ずメモに残しました。

旅行中に心のご負担になることはどんなことですか。
旅行をされていて、一番いやだと感じることは何ですか。
逆に旅で楽しみにされていることはどんなことですか。

ホテルのお部屋を使われていて不便に感じることはどんなことですか。

このような、あまりに基本的すぎて普通は聞かないようなことを問いかけ続けたのです。呆れるような初級の質問に対して、どなたも丁寧に答えてくださいました。

お客様の心理状態について知ると、サービスの考え方が180度変わります。そして、サービス提供者側が「これはサービスだ」と思い込んでいることが、じつはお客様にとっては意味がないものだったり、単なる迷惑だったりする現実に気づきます。

経験を通じて、私はもっと普通の会社で普通に働く人に、普通に役立つサービスの本が必要だと感じました。あるいは勉強熱心な経営者の実践に役立つ本、読んだ翌日からすぐに行動につながる本が必要だと感じました。

理想を高く掲げている経営者ほど、その理想と現実のギャップに苦しみます。ギャップを埋めるために必要なことはただひとつ。お客様にしっかりと意識を向けて、お客様にもっと関心を持つことです。

お客様の本音、表情や態度から見えてくるサービスの本質、サービス提供者側の思い過ごしや勘違いの実例。私自身が消費者として「ちょっと違うんだよなあ」と思うサービスのあれこれ。体験に基づいた現場目線のサービスの事例が、この本にはたくさん書かれています。

この本は理論を学ぶ本ではありません。テクニックも書かれてはいません。当たり前の事実にあらためて「気づいていただく」ための本です。さまざまな現象やサービス事例を私なりに分析し、解説を加えて提言してみたいと思います。

お仕事に励み人生を生きていく上で何かのヒントになれば幸いです。

目　次

第1章　本質　～サービスはこうあってほしい～　19

第2章 改善 ～サービスが自己満足にならないように～ 61

第3章　しくみ　～少しの工夫で商売繁盛～　107

第4章 リーダー ～志が組織を変える～ 157

第 1 章

本質

サービスはこうあってほしい

ゴミ収集に見たサービスの本質

旅行会社の社長が書く本なのにどうしてサービスの話、それもゴミ収集の話から始まるのか不思議に思われた方もいらっしゃるかもしれません。

旅行とゴミ収集。一見何の関係もなさそうです。業界的には。

そうなのです、私たちは「業界」という、お客様の側から見ればあまりにも意味のない枠にとらわれて、意識を変えられずにいるのです。お客様目線などと大上段に構えなくても、業界発想でいる限りはお客様の満足に限界があることは事実です。

「旅行会社の代表がどうしてサービスの本を書かれているのですか」

「障害者旅行を手掛ける経営者がなぜサービスの提言をされるのですか」

このような質問を受けることもよくあります。

今までは旅行業界は旅行業界。福祉は福祉。それぞれは別のものでした。サービスについて語る人は航空会社の客室乗務員を長年勤められた方や一流ホテルで洗練されたサービスを提供してきた方と相場は決まっています。だから「どうして障害者旅行の現場の人がサービスを語るのか」不思議だと言われても仕方がない面もあります。

でも、よく考えてみてください。そもそも「旅行」や「障害者」といった冠は単なるツールにすぎないのです。お寿司とか車とか、住宅とか、肉とか、全部それぞれがツールなのです。大切なのはこれらの共通点を見極めることです。

共通点を見つけることはできましたか。

そうです。すべての仕事が「人がツールを介して人を幸せにしようとしている」点です。幸せという表現が大げさなら心の豊かさでもかまいませんし、それも大げさならお悩みの解決でもかまいません。大切なのは直接・間接にかかわらず「人」が「人」にサービスを提供している点です。インターネット業界でも製造業でも同じです。

ツール、つまり使っている手段が違うだけで、本質的には人を幸せにするためにすべての仕事は存在しているのです。

当社で旅行をお手伝いしているお客様が杖を利用されていても、車椅子を利用されていても、ご高齢であっても、生活をしている以上、ゴミは出します。私だってゴミは出します。

旅行という余暇活動支援、そして、自分で処分しない生活ゴミの専門家による収集。

どちらも人間が生活の場面で受けているサービスであり、本質的な根っこは同じです。人の役に立っているのです。

これまでのサービスに関する考え方がプロダクトアウト、つまり業界側の発想や都合による「サービスはこうあるべき」という考え方だったとするならば、これからはボトムアップ、つまり「サービスはこうあってほしい」という、本当の意味でのお客様発想へ、意識改革が必要になります。

ここで間違えていただきたくないのは、お客様発想というものは「お客様は神様」発想とは違う点です。お客様は神様と言ってしまうと、お客様には絶対服従で何でも言いなりになるようなイメージがありますが、それとは違います。

あくまで「お客様は日々生活をしている人間であり、さまざまなサービスを受けている」中で「サービスとはこうあってほしいなあ」と考えている、その事実にしっかりと着目することです。

旅行という限られたツールでの経験ながら、その経験をさまざまな仕事に当てはめて考えたときに、どうサービスをとらえたら良いのか。講演やセミナーという形で「サービスの本質」について人前で話す機会を年間70回から80回ほど頂いています。

そのひとつとして昨年、ある企業からゴミ収集現場の社員向けに講演のご依頼を頂きました。立派なホテルの宴会場で講演をさせていただいたのですが、正直、自分の言葉が上滑りしている感じがして、聴いている人に伝わっている感じがしませんでした。そんな状況だったにもかかわらず、今年もまた講演のご依頼を頂いたのです。

私は「清掃車で働かせてほしい」と職業体験を志願し、実際に働かせていただけることになりました。講演当日の朝7時前に事務所にお邪魔して作業着の貸与を受け、男性社員ふたりと一緒に収集車に乗ることが許されました。

通常は7時半ごろから朝礼を行うそうで、その朝礼から参加させていただきました。会場はタバコの煙がもうもうと立ちこめており、男性ばかり数十人が集まっていました。緊張を抑えながら「おはようございます」と元気に挨拶するもほとんど反応はなし。「お前、何しに来たの」というごく当然な厳しい視線が刺さるように感じられました。

私がご一緒させていただく方は20代、30代のベテラン。この道何年かはわかりませんが、すでに風格が漂っています。作業着がなんとも板についている。それに比べ45歳の新米ぶりは痛々しいほどです。車庫を出発して最初の収集場所まで車を走らせますが、車内では相変わらず無言。お愛想を言ってみるものの会話が続きません。「まいったなあ」と思いながら、引き返すこともできません。

「高萩さん、まずは2時間だけ体験してくださいね。一日働いたら明日、寝たきりになると思いますから」。そんな脅しを受けて車庫を出たのですが、その意味がわかるのに時間はそれほどかかりませんでした。

8時20分過ぎに最初の収集場所近くに車を止め、10分ほど待機。エンジンを止めているので鳥のさえずりだけが聞こえます。

8時半。「では、時間ですのでそろそろ始めましょうか」とドライバーさんがエンジンをかけた瞬間、助手席に座っていた若いスタッフのエンジンにも火がともりました。一気に背筋が伸び、ドアから飛び下りて車の後方へ。家庭ゴミを拾い上げてポンポンと収集車に放り込みます。ひとつのゴミステーションでの所要時間は15~20秒。

私も慌てて飛び下り、厚いゴムの手袋をはめてゴミを拾い上げ投げ込みます。

収集車から見るゴミステーション。数十メートルおきにゴミが整然と置かれていて、そこをじわりじわりと突き進む感覚は、当たり前ですが人生において一度も体験したことのないものでした。高揚感、という言葉が一番しっくりときます。目の前に積み上げられたゴミ袋を黙々と淡々と、ひと言の雑談もなくひたすら収集していく作業。プロの誇りと美しさ。私は鳥肌がたちました。

ゴミをカラスに荒らされている集積所では、散乱している生ゴミを手で拾い上げます。拾いきれないゴミは、車に積んであるほうきとちりとりで丁寧に取り除き、液体が道路に流れ出ている場合は雑巾で地面を拭きます。

そうしないとクレームがあるからやっているのではなく、ゴミ収集を生業とするプロとしてのプライドが自然にそうさせているのです。

収集車がゴミで満杯となり、「では、一回捨てに行きましょう」と声をかけてもらうまで、無我夢中でゴミを集め続けました。ステーションの数にしてわずか100カ所足らず。30分と経たないうちに汗でびっしょりとなり、車への上り下りを繰り返すうちに足がもつれ、車体に接触しそうにもなりました。「ゴミを投げ入れるときは横から放り込んでくださいね」と言われた意味もすぐにわかりました。真後ろから投げ込むと、袋が圧力で破裂したときに、生ゴミから出た液体がまともに顔にかかるのです。

生ゴミのにおいは想像以上に強いことにも驚きました。ゴム手袋をして収集したのにもかかわらず、事務所に戻って入れていただいたお風呂でどんなに丁寧に石鹸で手を洗っても、においは容易にはとれませんでした。
巨大なゴミの投棄場所も私には目を見張るような驚きでした。講演のご依頼を頂いたからこそ、この現場を体験することができました。

私がゴミ収集車での体験を披露したのは、ここにサービスの本質を見たからです。この現場には上滑りしたサービスや奇をてらったサービスなどまったくありません。行政から住民への「何曜日の何時に燃えるゴミを取りに行きます」という約束を誠実に実行するために、黙々と業務を遂行するプロの姿があったのです。それは基本に忠実なサービスの「軸」を守る男たちの姿でした。

行政サービスにおけるメニューの中でも、生活ゴミを決められた日に必ず収集するのはサービスの中心軸です。当たり前のことですが「今日は体調が悪いから行きません」「車が壊れたから収集しません」といった甘えは許されないのです。

サービスの答えは現場にあります。ここで働く人たちは社会的に言われる「裏方」ではありません。人の目に触れにくいから裏方という考え方もあるかもしれませんが、このプロ集団は行政サービスの中心軸を担う誇り高き「軸方」です。

軸を雨の日も風の日も雪の日も守り抜いているのですから「軸方」であって、「裏方」では断じてありません。私たちは軸をしっかりと支えてくれている彼らに尊敬と感謝の心を持つことが大切だと感じました。

サービスを考える時、どうしても晴れやかな付帯サービスに目が向きがちです。また、おまけや値引きなどに目がいくことも多いですが、それぞれの仕事には必ず「外してはならないストライクゾーン」つまり「軸」があります。あなたのサービスの外してはならない「軸」は何でしょうか。

「軸」が再認識できると、サービスの屋台骨がしっかりと地に刺さる感じがつかめるはずです。

最大のサービス

あなたが提供できる、お客様にとっての最大のサービスとは何でしょうか。

ある時、保険会社様向けの講演のご依頼を頂き、新幹線で東京から新大阪へ移動していました。多くの保険会社が保険金未払いの問題で連日マスコミに取り上げられていた時期のことです。

私は保険会社のサービスとは何かについてあらためて考えていました。その時座っていたのは進行方向に向かって一番前の座席です。ふと目の前にある広告が目にとまりました。

「タカタの願いは、交通事故の犠牲者がゼロになる日です」

タカタは滋賀県を拠点にシートベルトやチャイルドシート等を製造し、全世界にシェアを持つメーカーです。

広告に書かれたキャッチコピーに私は心を打たれました。正確なコピーは書き留めるのを忘れてしまいましたが、こんな想いが綴られていたのです。

私たちは交通事故ゼロの日が来るのを心から願っている。
命を助けるのではなく、事故そのものがないことを心から願う。
私たちが開発したシートベルトやチャイルドシートが使われない日が一番良い日。

「保険」サービスに当てはめるとどうなるのだろう。揺れる新幹線の車内で考えてみました。そして講演で、こんなお話をさせていただきました。

新幹線の中で保険会社さんのキャッチコピーを考えてきましたのでご披露します。

「〇〇保険の願いは、保険金の支払いがゼロになる日です」

私たち保険会社は交通事故ゼロの日が来るのを心から願っています。
何かあった時に側面支援するのは当然のことですが、
それ以前の問題として、事故そのものがないことを願っています。
私たちが開発した保険商品がそもそも使われることのない日が一番良い日。

そんなふうに考えてみたらどうでしょう。

保険業界が世間からバッシングを受け、業界の体質や利益主義などが批判されましたが、抜けてしまっていたのは「保険が目指す未来」だったのではないでしょうか。
保険という制度を考えた人はすばらしいと思います。会ってお礼が言いたいくらいです。私は今、生命保険はもとより、火災保険、損害保険など、さまざまな保険に守られているおかげで安心して経営ができています。保険制度がなかったら、怖くて経営などできないでしょう。経営者でなくても、一般的には保険のない人生など考えられないはずです。

その保険の本質とは「何かあったらしっかり払います」ではなくて、その先にある「何もない人生を心から願っています」であるべきです。

自動車保険に加入されたお客様に「これでもう安心ですね、何かあったらいつでも私の携帯電話に24時間連絡していただいてかまいません」と伝えるだけでは不十分です。なぜなら、保険に加入したことで万が一の時のリスクヘッジはできましたが、事故に遭うリスクそのものが減るわけではないからです。

申込書にサインをした方にはこんなふうにお話をされてはいかがでしょう。

「いいですか、保険に入ったからといって安心してはダメです。絶対に携帯電話をかけながら運転してはいけませんよ。注意力が散漫になった瞬間の事故がどれだけ多いかご存知ですか。自分だけは大丈夫との過信が事故に直結します。子供さんはどんなにいやがっても、しっかりとチャイルドシートに座らせてください。子供がきちんと座るまで車を絶対に動かさない習慣をつければ子供はあきらめて言うことを聞くようになります。根くらべですが、それが安全を守るお父さんの役割です。ドアはしっかりと閉まっていますか。半ドアの事故も報告されていいます。そして、あってはならないことですが、飲酒運転はたとえコップ一杯でも絶対にダメです。私に誓ってくださいますか。私の願いは、お客様に生涯、自動車事故やおケガと縁のない幸せな人生を送っていただくことです」

お客様に事故のリスク要因をひとつでも減らしてもらうべく、うるさく言い続けるのが保険会社の最高のお客様サポートではないでしょうか。保険で金銭的な補足はできるでしょうし、それはとても大切なことですが、心のダメージは容易には回復しません。「本当に大切なこと」をプロとしてしっかりと伝えてさしあげて、家族や自分を大切にする決意を社会に示してもらうのが「フルカバー」することではないのでしょうか。「お客様自身によるリスク管理」のクセをつけてもらえるまで、しつこいくらいに伝え続けるのが、保険というリスクマネージメントを生業とするプロの仕事だと、私は思うのです。

私がお話ししたのは単なる理想かもしれません。

後日、新聞には「保険会社各社は、最近では消費者の要求が高まり、アフターケアに力を入れ始めた」といったことが書かれていました。

「消費者がうるさいからアフターサービスに力を入れる」

残念なことですが、根本思想が間違っています。「何かあったら親身になって相談にのります」は当たり前のことなのです。当たり前のことが抜けてまかり通っていることがおかしいと気がつかなければいけません。

保険におけるお客様への究極のサービスとは何でしょうか。

「何もないこと、何もない幸せ」を全力でサポートできるかどうかです。

保険に入ったからといって、リスクそのものが減るわけではないのです。

私は旅行会社を経営し、損害保険の代理店業もしていますから、お客様にはしつこく保険の話をします。「別に当社で入らなくてもかまいませんので、旅行傷害保険には必ず加入しておいてください」と。

さらに、「よろしいですか。海外というのは日本と違って危ないのです。気を抜いてはいけません。何があるかわからないのです。海外旅行には覚悟が必要です。自分のことは自分で管理する、自分の安全は自分で守るとの覚悟です。現地で無理をして体調を崩される方がいますから絶対に無理をしないで早寝早起きを励行し、ちょっと疲れたなと思ったら休養しましょう」と、こと細かに伝えます。

保険は旅行のお守りのようなものです。お守りを肌につけていてもそれだけでは安全は担保されませんが、本人の自覚という点では大きな効果が期待できるのです。

じつは私は鉄道会社のサービスマインド基礎研修のお手伝いもさせていただいています。担当させていただいているのは、高校や大学を卒業したばかりの若手社員がほとんどです。

鉄道の現場は多岐に渡り、線路保守など保線の仕事、車両工場や検車区と呼ばれる場所での鉄道車両の保守点検、電気の安定供給や踏切保守、そして実際に電車を運転する運転士、電車の総責任者である車掌の仕事などがあります。

若い彼らにどんな時に「仕事のやりがいを感じますか」と質問をしてみます。すると

「自分が検査した電車が本線で何事もなく運行しているとき」
「踏切が問題なく作動しているとき」
「修理箇所がしっかりと直せて、電車の乗り心地が良くなったとき」
「自分の乗務が定時に何事もなく終わり、無事に引き継ぎができたとき」

といった答えが返ってきます。

「何もなく毎日が当たり前に進んでいくことが僕たちの役割だ」と、彼らは明確に認識しています。これこそサービスの原点です。

この「何もなく毎日が当たり前に進んでいくこと」が最高の仕事の成果であると考える職種は多いはずです。たとえば、警察官、消防士、警備員、医療関係者、それに学校の先生もきっと同じ想いでいらっしゃるのではないでしょうか。何事もない幸せは、もともと仕事において強い緊張を強いられる職種に多いと考えられます。そういう職種に就く人は、仕事が終わるとほっとすることでしょう。

障害がある方やご高齢の方の旅行を手掛けていると「やりがいのあるお仕事ですね」とよく言われます。そう言っていただけるのはとてもうれしいのですが、私が一番喜びを感じるのは、空港や駅でお客様の笑顔を確かめながらお別れし、何事もなく旅が無事に終了した瞬間です。「何もなかったこと」に心からほっとするのです。

私たちの仕事は、ほんの一瞬の気の緩みが事故に直結します。どのような場面で事故が起きやすいか、どうすればそのリスクを最小限に減らせるのか、そもそも行き先にはどんな危険が潜んでいるのかを常に考え、安全には相当な神経を使っています。

お客様から見えない部分に気を遣う、時間をかける。これは旅行で言えば「安全への投資」です。サービスの質を高める作業とも言えます。

安全、安心、快適、信頼。

そんな当たり前の言葉にこそ、サービスの本質があります。

浮ついたことを考える前に、サービスの本質を見極める力を養いましょう。

あなたの「お客様への最大のサービス」は何ですか。

プロの条件

この本では繰り返し「プロ」という言葉を使わせていただいています。
プロとはどんな状態の人を言うのでしょうか。

・高い技術や専門性を持っている。
・ひとができないことができる。
・それでご飯を食べている。稼げている。
・腹をくくっている。覚悟がある。

どれもプロの条件としては大事です。
私はここに「魂がキレイであること、心が澄んでいること」を加えたいと思うのです。

プロは誇りを持って仕事をしていることは間違いありません。しかし、えせプロ（というものが存在するならその人）も自分は誇りを持って仕事をしていると言うでしょう。経営者の中にはやたら自尊心のみが高く、自分の意見や態度を批判されると、まるで自分自身の全人格を否定されたかのように怒り出すやっかいな人がいますが、このような人はプロでも何でもありません。俺が大将なだけです。働いている人は大迷惑ですし、人徳がないのですから社員の入れ替わりも激しく、遠からず会社が衰退するのは目に見えています。

プライドはプラウドにも通じます。プライドが自分で持つ誇りとするなら、プラウドはひとがその人を外から見たときの尊敬、尊厳です。

生活をサポートしてくれる人や身近にいる人の中にもプロが大勢います。鉄道、バス、タクシーなどの運輸の仕事をする人にはほとんど毎日お世話になっています。建設業に携わる人への感謝の気持ちもあります。私はマンションに住んでいますが、現在大掛かりな改修工事が行われており、大勢の職人さんが危険な仕事に命懸けで取り組んでいます。暑い日、寒い日、強風や悪天候の日は本当に頭が下がります。

学校の先生も大変な仕事で、私にはとてもできません。ケーキ屋さんには美味しいケーキを作ってもらい、どれだけ街に笑顔があふれていることでしょう。近所の駐在所の警察官は毎朝、信号機のそばに立ち、子供たちに声をかけながら通学を見守っています。医療の現場では1分1秒を争う状況で冷静な判断と技術があって、私たちに安心を提供してくれています。出張や観光で使う飛行機は飛ぶのが当たり前ではありません。整備点検、給油や機内清掃、その他、数え切れない仕事があるからこそ、私たちはそのサービスを安定的に受けることができます。


すべての仕事をあげることができないのが心苦しいのですが、私たちはひとりでは生きていけません。生活がプロに支えられてこそあるのだと思えば、尊敬と感謝の気持ちが自然にわいてきます。

ストレスが溜まっているのはわかるのですが、ご年配の方が自分の子供や孫と同じような年代の人に怒鳴ったり絡んだりしているのを見ると「あなたのお孫さんが同じように怒鳴られたら悲しい気持ちになるでしょうに」と思わずにはいられません。

話がそれました。

誰もが尊敬する人に共通して見られる傾向はあるのでしょうか。

私が考えるに、誰もが尊敬するような人は総じて謙虚で素直です。少しも偉ぶるようなところがありません。そこにあるのは本当の強さなのでしょう。

芯が一本刺さっていて、軸ブレしていない人こそがプロです。

エコエコと言いながら、じつはエコでもなんでもない人もいます。感謝が大事と言いながら傲慢な人も大勢います。社員にはコスト削減と言いながら、会社を私物化しておかしなお金の使い方をしている社長さんもいます。

オレ様の力ですべてが上手くいっていると過信する勘違い社長さんは、自分と反対の意見を言われるのが怖いので、無意識のうちに部下に威圧的、強圧的な態度をとり、心理的に押さえ込みます。じつは自分に自信がない小心者なのです。

なぜ若輩者の私がこんな偉そうなことを言うか。

それは私が通過してきた道だからです。自己満足、プロもどき、小心者、裸の王様、驕り。すべて私が今も所有している要素です。

私が幸運だったのは、「お前、天狗になっているよ」「最近、調子に乗っているのではないか」「先生と呼ばれて気持ち良くなったら人間、終わりだよ」と、いさめてくださる方々がまわりに大勢いたことです。もちろん今もいます。その方々の声は、私が道を間違えないように「謙虚さを忘れるなよ、素直に人の話に耳を傾けろよ」という天の声だと思うようにしています。

大勢の方に支えられて、今があるのは本当にありがたいことです。

スポーツ選手にしても世界的に成功した人は皆、周囲への感謝の気持ちを口にします。誰かに言われてそうしているのではなく、「夢を叶えるには本気でなければならないし、感謝の気持ちを忘れてはならない」と身をもって体験しているからではないでしょうか。

私は、プロスポーツ選手のような飛び抜けた実績は作れないかもしれませんが、感謝の気持ちを持ち続けることだけは成功者のマネをしようと、常に心がけています。

凡人はいつも心にいましめを持ち続けないと、すぐに忘れてしまうのです。
プロになるのは容易ではありませんが、門戸だけは誰にも平等に開いています。
あとは私たちの心がけ次第なのです。

「やりがい」より「やらされがい」

「やりがいのあるお仕事ですね」と、よく言われます。ありがたいお言葉ですので、素直に感謝の気持ちをお伝えします。でも、私は日頃仕事をしていて、やりがいとか達成感といったものを感じたことはないのです。

小さいころから夢を持ち、それに向かってたゆまぬ努力を続け、結果として今の地位や仕事を得た人には、きっとやりがいや達成感があるのでしょう。あって当然ですし、すばらしいです。心から尊敬します。

私は九州の商業高校を出て鉄道会社に就職しました。駅の切符切り、酔ったお客様の介抱、汚物処理、事故処置、激しいクレーム対応、上司との衝突、意見や価値観の相違、退社。そして、外国への半ば逃避。帰国した後もアルバイト、派遣社員という長い不安定な時期。上司、先輩の尽力で社員採用されるも理想と現実のギャップに苦しみ、若さゆえの反抗、会社の方針への不満、そして退職。転職した会社も1年で退社。

書き出すのが恥ずかしくなる転職人生。つまり社会不適合人間だったのです。


そんな私が周囲のバックアップで小さな旅行会社を創業することができ、今年で11年。転職を繰り返し、今の仕事をさせていただいて、私にはもう後がないのです。この与えられた仕事に泥を塗らないように必死です。感想を述べている余裕はありません。


何が言いたいか。

私のつたない社会人経験28年を振り返って感じたのは、そもそも仕事にやりがいなどを求めてはいけないのではないか、ということです。仕事は選ぶものではないのです。仕事に選ばれているのではないかとつくづく感じます。

仕事は好きか嫌いかではなく、できるかできないか、勤まるか勤まらないかです。

自分の人生が上手くいっていないと感じている方がいるかもしれないと考えて、あえてこういう言い方をしています。

私には志などありませんでした。夢もありませんでした。でもその都度、与えられた役割を必死で全うしようと人一倍の努力はしました。でも残念ながら、会社員時代は仕事の方から「お前には続ける資格なし」と言われたのだと思います。自分の意思で退職しましたが、それは卒業やステップアップなどというカッコ良く形容できるようなものではありませんでした。落ちこぼれに近い、かなり惨めな姿だったと思います。

私を必要としてくださるお客様には失礼かもしれませんが、この人生は自分で積極的に選んだものではありませんでした。行きがかり上、歩いてきた道の先に現在があって、それでも預かった仕事は無我夢中で歯をくいしばって前に進んできました。

「俺、何やっているんだろう」。絶望的に感じたことはもちろん数知れず。疲れる時もテンションが異常に低い時もあります。どうして続けられるかと言うと、神様から「まあ、お前はどうしようもないけれど、この仕事ならやれるんじゃないの。試してやるからやってごらん」と言われて仕事を預かっている感覚なのです。

私は特定の宗教を信仰しているわけではなく、神頼みが好きなわけでもありませんが、良い意味で何か見えない力から預かり、やらされている感覚なのです。

授かりものという感覚がぴったりかもしれません。私には子供はいませんが、子供は予め選ぶことができませんよね。だから授かりものと言って大切にされます。神様からお預かりして育てているのです。仕事もそれに近いのではないでしょうか。

だから、選びたいとか自分に向かないとか合わないとか言うのは違うのです。

そして、子育てが親を育てるように、仕事が人を育てるのです。

私はどれだけ仕事に自分を育ててもらったかわかりません。未熟者でケンカばかりしていたダメサラリーマンを仕事がここまで育ててくれたのです。この仕事をやらせていただいていることに感謝するより他にありません。

自己実現がブームですし、夢を描いてそれを叶えることができる人はすばらしいと尊敬します。夢への努力は人の何倍、何十倍もされるのでしょうから。でも、夢は自分のために見るもの、仕事は人のためにするもの、です。

あなたを、社会が、仕事が必要としているなら、人の役に立つためにその仕事を続けることがあなたの重要な役割なのです。

世の中にはおもしろくもおかしくもない地味な仕事がたくさんあります。ほとんどの仕事は決して愉快なものではないはずです。しかし、それを愚直にこなす人がいるから社会は成り立っているのです。あなたにはやらされるべき仕事があるのです。

大棟耕介《おおむねこうすけ》さんが激しく同意してくださったのが嬉しかったです。

大棟さんは、ひとに笑いをとどけるクラウンとして世界を股に掛けて活躍されていますが、今の仕事は天から与えられて、自分の意思とは関係なく「やらされている仕事」だとおっしゃいます。そう思わないとできない仕事でもあると、私は見ていて思うのです。わずか数日間のステージに立つためにはどれだけの汗と努力と失敗があるか、それは広く知られていないはずです。

ホスピタルクラウンとして全国の医療施設を訪問し、入院している子供たちに笑いをふりまく社会貢献活動。これを大棟さんは「ボランティア」ではなく「ゼロ円の仕事」と呼んでいます。私も思います、ボランティア・マインドではとても勤まらないだろうなと。

お代を頂かなくても、プロとしてパフォーマンスを行わなければならないからです。

大棟さんと比べれば、私が手掛けている仕事はリスクが低いかもしれませんが、それでも障害がある方、高齢の方向けのバリアフリー旅行は愛と涙と感謝の物語と言えるような甘い世界ではありません。

お客様が転ぶ、倒れる、発作を起こす。海外で救急車を呼ぶ、緊急手術を行なう。スリやひったくりに遭う。健常と言われる方の旅行に比較すると、リスク要因は何倍、時には何十倍にもなるでしょう。旅行の現場はきれいごとではありません。

このような厳しい現実の前にはやりがいなどという言葉が軽く感じられてしまうことすらあります。やりがい、ではやれないのです。

やりがいのある仕事に就きたいと小学生や中学生が言うのは大賛成です。夢の領域と可能性は子供のころは無限大です。しかし、成人した人間が同じことを言ってはいけません。成人には社会的責任が伴うのです。

サービスの前に魂を磨く

タイには「徳を積む」という考え方があります。生きている間にできるだけ多くの徳を積むべきだという仏教の教えです。

タイでは大人も子供も人を助けるなどして、一生懸命徳を積んでいます。観光地にたむろしているモノ売りのおじさんやおばさんが、段差のあるところで車椅子を持ち上げてくれたり、杖を使って歩いていると階段で荷物を持ってくれたりします。バスや電車でも若い人がお年寄りに即座に席を譲ります。

若い人は（と限定してはいけないのかもしれませんが）タイに行って修行をしてくると良いと思います。お年寄りへの自然な席の譲り方が身に付きます。

タイの例を持ち出すまでもなく、人間は本来、常に誰かの役に立ちたいと願っています。人の役に立つ体験をすることで、自分の存在意義が確認できます。大げさな言い方をすれば、生きている証が見つかるのです。

この本を読み進むうち、「これってサービスの本じゃないのでは」と思われる方もいらっしゃるでしょう。私もそう思います。でも、サービス業に携わってもうすぐ30年。あらためて感じていることがあります。

「サービスとは人間学」なのではないか。

サービスは小手先のテクニックではありません。お客様に気持ち良くなってもらうための手段でもありません。ましてや狭義の接客や接遇に限定される話でもありません。

おもてなしの語源は「物をもって成し遂げる」または「表裏なし」だと言います。サービスとは業種や業態によって分けられるものではありません。人と人が向きあうことなのです。仕事を通じて自分を高めていくプロセスでもあります。

靴が汚れていると気になりますよね。職種によっては上司からきつく指導を受けるかもしれません。私はメガネをかけていて、汚れていると気になります。清潔にしないと気持ちが悪いです。

では、心が汚れているとしたらどうでしょう。魂が汚れていたらどうでしょうか。人と人が向かい合うのがサービス。仕事を通じて自分を高めていくのが人間学としてのサービス。だとするなら、靴やメガネが汚れていてはいけないのと同様、心や魂が汚れていては良いサービスはできないということにならないでしょうか。

逆もまた同じです。心や魂が汚れていては良いサービスは受けられないのです。良いサービスを提供したいなら、良いサービスを受ける資格のある消費者であるべきで、これはどちらも満たされて初めてその資格があると言えます。ここは大切です。

プロ野球、東北楽天ゴールデンイーグルスを率いていた野村監督が、著書の中で恩師からこんな教えを受けたと書いています。「技を磨く前に心を磨け」。心が汚れていては良い野球ができないと教わったのですが、当時、高校生だった野村さんにはその意味がわからず「心を磨くとはどういうことですか」と聞きました。恩師は「本を読みなさい。知識をつけなさい」と諭したそうです。

これをサービスに当てはめるなら「サービスを磨く前に自分の心と魂を磨け」です。良いサービスを提供したいと考えるなら、自分の心と魂を磨くこと。それにはたとえばこんなことを習慣にすると良いのではないでしょうか。

食事の前に手を合わせ、命を頂くことに感謝する。農家の人や漁師さんに感謝する。生き物は残さず食べることで成仏してもらう。（恩師から教わりました）とにかくお辞儀をする。頭を下げる。（これはお客様から教わりました）神社の前で手を合わせるときは、お願いをするのではなくお礼を言う。ご先祖様に感謝する。仏教の教えも大切にし、生活の中で心がける。異国の地ではその土地の風習に従う。その国の言葉を知り、しゃべる努力をする。

サービスを小手先のテクニックと考えると長続きしません。自分の人生の中にサービス・ミッションを組み込んで、長いスパンで成長していきましょう。

コラム

できるだけ手伝わない旅行会社

ある旅行にご一緒させていただいたお客様が、こんなことをおっしゃっていました。

「私が杖を使って歩いて旅行できるのはベルテンポの旅だけなの。私ね、家族やお友達と旅行すると必ず車椅子に乗せられちゃう。本当は歩きたいんだけど、歩くの遅いから迷惑かけちゃいけないし、『私、歩きたいわ』なんてとても言えないの。でも、自分で歩けるんだから本当は歩きたいわ」

障害がある方や高齢の方のサポートをする立場の方は、基本的に心の優しい方が多いですから、何でも「できる限りお手伝いしよう」と考えます。それが一般的には「親切」と呼ばれるものです。でも「何もしない親切」があるということを、私は多くのお客様から教わりました。

- 必要な配慮と、単なるわがまま。
- やるべきことと、やるべきでないこと。
- お客様が考えていることと、私達が思い込んでいること。

これらは必ずしも対立軸ではありません。しかし、主役を考えると、それはお客様本人に決まっています。

介護付き旅行はこれからの時代、必ずニーズが増えていくでしょう。だからこそ私達の会社は逆説的ですが「できるだけ手伝わない会社」を目指します。お客様はホンネの部分では適当にほったらかして欲しいと思っています。自分が逆の立場だったら自分でできることは時間がかかってもしたい。そう思うはずです。

ベルテンポの旅はなぜ良いと思ってくださるのか。お客様に伺うと、

①ほったらかしてくれる
②食事が美味しい
③ゆったりのんびり
④旅のお仲間が素敵な方ばかり

こんなことをおっしゃってくださいます。

当社が神経と時間を使っていることは、

❶リスク管理と事故防止
❷ロケハン（現地調査）
❸動線（歩行する距離を極力減らすなどの工夫）
❹お客様の個性や特徴の確実な把握　などです。

旅をサポートするときに「お客様第一主義」は必須ですが、単なるお題目ではなく、ひとりよがりでもない、本当の意味のお客様目線であるかを見極めなければいけません。

杖を使っていらっしゃるお客様が「本当は歩きたい」と思いながら遠慮されていることを察する力。そして、この想いと旅程管理、つまり、旅行の安全で円滑な運営を両立させるのが、私たちエージェントの仕事です。

第 2 章

改善

サービスが自己満足にならないように

おまけや値引きはサービスじゃない

失礼な言い方かもしれませんが、飲食店の方と話をさせていただいて意外に思うのは、驚くほどリピーターへの意識が低いことです。

味も良い、接客も良い、トイレもきれい。しかし、お客様にまた来てもらうための工夫や努力はほとんど見られません。いきおい、リピーターが少ないからクーポン券やドリンク券などを乱発することになります。

クーポン券やドリンク券はファーストアプローチのお客様をお店の中へ引き寄せる効果はあります。ただ、残念なことに、セールスとサービスの違いすら理解しないままクーポン券を乱発しているお店が多いのです。おまけの意味をしっかりと考えましょう。

体験しないことには良さがわかってもらえないようなサービス、飲食はもちろんですが、たとえばエステやリフレクソロジーなどでは、初回割引が誘引になる可能性はあります。最初の心理的ハードルを下げる効果はあるでしょう。

それでも一回目に割引で来店した人は、二回目にその割引がないと損をした気分になります。あなたはどうですか。私だったら、ちょっと損した気分です。過去一回しか来ていなくても、自分はもう常連だと勝手に思い込み、優遇されないことがなんだか不満です。だってリピートしているのですから。初回限定割引を含め、値引きには十分な注意が必要です。値引きで失った好感を取り戻すのは容易なことではありません。

しかし、困ったことに現実には時価という相場が存在します。たとえばホテルや航空機。ホテルに500室の部屋があったとして、飛行機に300席の座席があったとして、それぞれ何通りの価格が設定されているのでしょう。飛行機であなたの隣に座った人は、いったいいくらでチケットを買ったのでしょうか。

空間や座席を売る商売では、需給バランスによって価値や相場が日々変化します。価格がめちゃくちゃな状態で「私たちを信用してください」と言っても無理があります。お客様は常に疑心暗鬼です。「自分は損をしているのではないか」と。

ビジネスホテルなどでは前払いですから、チェックインする際、自分が予約した値段を払うことになりますが、隣でチェックインしている人がホテルの人から言われている値段が安かったりすると、妙に気になります。


先日もインターネットの宿泊予約サイトにて「早割」価格で3泊分の予約をしたのですが、1泊が不要になり、旅程の短縮をしようと再度この予約サイトを開きました。すると驚いたことに「間際割」と銘打たれたさらに安い価格が提示されていたのです。面倒でしたが、たとえ千円でも損はしたくないので、予約を全部取り直しました。そして、次に予約をする際は、極力間際まで申し込まないでおこうと心に誓いました。

早く予定を決めた人が損をするしくみはおかしいと、私は考えます。

こうしてお客様は間際に予約するようになり、ホテル側は予約確定の減少を嘆くことになるのです。


おまけや値引きは頭を使わずに誰もができる安易な方法です。難しい理屈が要りませんから、すぐにこの方法に飛び付きたくなるのは理解できます。しかし、値引きやおまけは麻薬でもあります。

飲料メーカーはコンビニでの販売競争が熾烈を極めており、売れ行きが悪い商品はすぐに棚から撤去されてしまいます。年度末は特にノルマが厳しいので、苦し紛れにペットボトルに小さなおまけをつけるそうです。原価では一個数円のノベルティです。笑ってしまうような話ですが、このノベルティは効果テキメン。あっという間に数字が伸び、めでたくノルマ達成に。しかし、その反動で翌月には数字は大幅に落ち込むことになります。

おまけとはそういうものです。資本力のある大手が短期間に望む結果を得るために行うなら有効な戦略ですが、規模の小さな会社は絶対にマネしないことを強くお勧めします。

世の中にはマーケット・プライスというものが存在しますし、お客様がなんとなく高いと感じる限界値、つまり心理的抵抗価格というものもあります。自信を持ってつけた値段でサービスを買ってもらえないならば、社会がその価値を認めていないとも言えます。景気が悪いと嘆く前に、価格がサービスに見合っているかを再確認しましょう。

サプライズ以前にやるべきこと

あるアジアンダイニングのレストラン。味が良く接客も気持ちが良いのでたびたび利用していました。この日も私たちのテーブルを担当した女性は爽やかでハキハキ、キビキビとしていて水の差し替え、料理の説明なども丁寧です。好感が持てました。

料理をアラカルトで注文し、生春巻き、サラダなどを楽しんでいたところに出てきた次の料理。「お待たせしました。トムヤンクンです」。注文したのはトムヤムヌードルですが、と伝えると「大変失礼しました、すぐにお持ちします」と慌ててキッチンに料理を下げました。待つほどもなくトムヤムヌードルが運ばれてきて問題は解決しました。

食事中、お店の電気が消え、ＢＧＭがバースデーソングに変わりました。スタッフ全員が奥のテーブルに駆け出して行き、ケーキを振る舞い、にぎやかにハッピーバースデーを合唱。大きな拍手が起き、私たちも拍手をしました。こういった場面に遭遇するのは悪い気持ちではありません。

食事が終わり、テーブルで会計をお願いしました。明細を何気なく見ると、トムヤムヌードルと合わせて間違って運ばれてきたトムヤンクンもチャージされています。そのことを伝えると、女性スタッフはびっくりしたように「申し訳ございません」と平謝りして「すぐに直してきます」といったん立ち去りました。「大変失礼しました」と何度も謝られながらお店を後にしたのですが、なんとなく釈然としない気持ちが残りました。

レストランにおいて、基本的にお客様との約束として守ってほしいことは三つあります。それは、①食事が美味しいこと、②オーダーを的確に運んでくること、③会計を間違えないことです。お店が清潔とか食中毒を出さないとかいったことは、それ以前の前提条件です。どんなに接客が良くても、店員さんが笑顔でも、オーダーは間違えない方がいい。そして、会計も間違えない方がベターです。

私がなんとなく釈然としなかったのは、バースデーサプライズのとき、オープンキッチンになっている厨房からも大勢のスタッフが飛び出して行ったことです。私たちのテーブルを担当する女性スタッフもサプライズに駆けつけました。この日は週末でお店はほとんど満席の状態です。たとえ数分間でも厨房が手薄になることによって、本来の業務に支障が出た可能性は否定できません。テーブル担当が他のテーブルに歌を歌いに行ったことと会計を間違えてしまったことが無関係とは言い切れない気がします。

よそのテーブルの誕生祝いを一緒に楽しむことはやぶさかではありません。しかしそれは、他のテーブルのお客様に本来提供すべき基本的な業務がすべて滞りなく行われていることが前提です。

メニューを間違えるとか会計を間違えるといった小さなミスはゼロにはできないでしょう。怖いのは「何が自分たちのサービスの軸なのか、何を最優先すべきなのか」をその都度確認しないまま、浮ついた状態で日常業務を進めていくことです。

小さなミスを見逃したまま業務を続けると、ハインリッヒの法則ではありませんが、いつか極めて重大な事故を起こす種が蒔かれてしまうことになりかねません。

そんな大げさな話ではないにしても、自分たちが大切にされなかったと感じた顧客は、その店に戻りにくくなります。実際、私はあの一件以来なんとなく、本当にただなんとなく、このお店には戻れないのです。こういったことは理屈ではないのです。

サイレント・マジョリティー（Silent Majority）という言葉をご存知ですか。モノを言わぬ多数派、静かな多数派といった意味で、１９６９年にアメリカのニクソン大統領が演説の中で初めて使ったと言われています。

日頃何かを主張する人の意見を耳にすることは多くても、実際には声をあげない人が大多数なのです。

サービスのさまざまな場面でも、声をあげない人たちが実際には何を考え、何を感じているのかをつかもうと努力することは大切です。

たとえばこのレストランの場合、誕生パーティーをサポートしてもらったお客様は間違いなく喜んでいるでしょうが、その周囲にいた人が何をどう感じているか。

私はたまたまオーダーミスがあり、さらに会計を間違えられるというミスが重なりましたが、それでも店長にクレームをあげたりはしないで店を立ち去りました。わざわざ何かを言わなければならないほど不快だったわけではありませんし、テーブルを担当してくれた女性はよくやってくれましたから。

ただ、見逃せないのは「あれから私がその店に再訪していない」という現実です。

これをマーケティングの観点では失客と呼びますが、小さな失客の積み重ねがボディーブローのように効いてくることがあります。

しかし、サイレント・マジョリティーである私の心におそらく興味を持っていないであろうお店側は、にぎやかなサプライズに意識を奪われてしまっています。

サプライズを望むお客様も大勢いるのは事実ですから、その期待に応えるべくサービスメニューを作り込むことに何ら問題はありません。

ただし、責任者が見失ってはいけないのは、すべてのお客様に基本的なサービスをしっかりと提供できてこそのサプライズだということです。オーダーを間違えず、お客様をお待たせせず、会計も間違えずにサービスができるようになってから歌を歌ってほしいと切に願います。

スイスの小さなレストランで経験したことですが、あるテーブルで記念のお祝いが催されることになりました。スタッフはケーキを運んでくる前に、すべてのテーブルを回り、居合わせたお客様ひとりひとりに「これから電気を消してケーキを運びたい。少しにぎやかになるが大丈夫か」と確認していました。これが当然の順序ではないかな、と感じました。何の関係もない人への最低限の礼儀があってこそのサプライズであるべきです。

上質な時間をすべての人に提供できてこそ、サイレント・マジョリティーを含めた多くの人は、そこへまた戻って来るのです。

なんとなく行かない店

レストランや居酒屋などの飲食店で、あなたはどんなときに「このお店はサービスが良い」と感じますか。

接客が良い
店員さんが元気な挨拶をしてくれる
水やお茶のおかわりを頼まなくても持ってきてくれる
おしぼりが冷たい、温かい
おすすめメニューがある
水やお茶が美味しい
ご飯を無料で大盛りにしてくれる

メニューが見やすい
トイレがきれい
店内が清潔
顔を覚えてくれている　などなど

30人に聞くと30通りの答えが返ってきます。

これらのサービスは一般に「接客が良い」「気が利く」などの表現で評価されますが、接客などという大雑把なくくりではなく、「サービスを受けて何かを感じた」その感覚を、五感で意識してほしいのです。


たとえば店員さんが元気な挨拶をしてくれて、サービスが良いと感じたのは、店員さんの張りのある表情を「視覚」で確認し、元気な挨拶を「聴覚」で受け取り、このお店に入った自分が間違っていなかったと安心するわけです。

同様におしぼりが冷たい、温かいは「触覚」で受け取るサービス。トイレが清潔であることを「視覚」「嗅覚」さらには「触覚」でも受け取っているはずです。お店で出てくる水やお茶が美味しいと感じるのはもちろん「味覚」です。

ＢＧＭにどんな音楽をどんな音量で流すかも、とても重要なサービス構成要素ですが、これは意外なことにあまり回答としては出てきません。わかる人にだけわかるサービスなのかもしれません。「あのお店、ＢＧＭがセンス良かったね」とはなりにくいものです。

ここでひとつ重要なことがわかります。「人から受けたサービス」は印象に残りやすいのです。元気な挨拶も、水のおかわりを持ってくるのも、おすすめメニューを伝えるのも、顔を覚えてくれているのも「人」です。人から受けたサービスは印象に残りやすい。だから接客は重要だとも言えるのです。ただし、気をつけなければいけないのは「接客至上主義」「接客絶対主義」になってはいけない点です。

良いサービスを提供しようとしても、精神論的な接客ではお客様はごまかせません。表面的なサービスはお客様に気づかれます。

私は〝究極のサービス〟を提供することで評判の、あるレストランで名前を間違えて呼ばれ続けました。私の苗字は「たかはぎ」ですが、なぜかドアマンが店内の全スタッフに「たかおぎ」様の到着をインカムで告げてしまい、レストランで食事をしている間、「たかおぎ様、たかおぎ様」と連呼され、落ち着いて食事ができませんでした。

顔と名前が一致していないなら、名前など呼んでくれなくていいのです。レストランは美味しい食事を同伴した人とゆっくり楽しむところです。そうできるようにするのが、サービスの原点であり基本です。

ところがこの〝究極のレストラン〟は、私が同席者と会話しているのを何度も遮って「この料理はいかに手間暇がかかっていて素材もすごいか」の説明を繰り返しました。

接客や接遇のレベルを上げる努力をすることを否定しているわけではありません。究極のサービスを望む人も大勢います。しかし、世の中にこうした「順序を間違えたサービスマインド」が蔓延していることは問題です。

レストランや居酒屋など飲食店に足を運ぶ人の動機はさまざまですから、体育会系のお店があるも良し、すべてのお客様を名前で呼ぶ店があるも良しです。ただ、サービスを評価し「また次も来よう」と思うかどうかを判断する権利は100パーセントお客様の側にあります。

私は名前を間違えて呼ばれたレストランに腹を立てたわけではありませんが、「なんとなく」それから何年も足を運んでいません。「なんとなく」また行こうと思わないだけです。たぶんこれからも行かないでしょう。

あなたが男性であれば、女性と食事をした後、お店を出てすぐ聞いてみてください。

「いまのお店、どうだった?」と。

「う〜ん、連れてきてもらって悪いけど、もう来ないかな」と答えるかもしれません。

「どうして?」

「う〜ん、なんとなく」

そう、この「なんとなく」こそ、女性の武器、第六感です。人、特に女性は視覚、聴覚、嗅覚、触覚、味覚、これら五感をトータルで判断した第六感でサービスを評価します。

最近、お客様の入りが悪くなってきたと感じるお店の方は「失客」していないか注意を払ってみてください。不景気だから売り上げが落ちているのではなく、お客様が「なんとなく」来なくなっている可能性があります。

飲食店だけではありません。どの業種・業態でもお客様は「五感＋アルファ」でサービスを評価しています。病院も学校も工場も建設現場も同じです。お客様が明確には意識していない「なんとなく」を甘く見ると大変なことになります。

接客ばかりがサービスだと勘違いし、朝礼で大きな声の挨拶を社員に強要したり精神論でサービスを語ったりする経営者や店長は要注意です。

あなたのサービスには何が足りていないか、お客様に率直に聞いてみましょう。

流行っているお店にはどんな理由があるか、五感＋アルファで確かめてみましょう。

質問させないサービス

ある大手私鉄でサービス向上運動の一環として、ホテル並みの接客・接遇をめざしてトレーニングをしました。もともと素質のある社員が揃っていますから、効果はテキメンに現れ、短期間で接遇のスキルはかなり上がりました。

首都圏の駅では多くの改札口が機械による自動改札ですが、乗り越し精算や案内業務のために有人の改札口を一カ所だけ設けていることがあります。ここはいつ見ても何人もの人が列をなして問い合わせをしています。見るからにイライラしている人も多くいます。

私はサービスについての調査依頼を受けて、この私鉄の中核にある乗降客20万人を超す駅にお邪魔しました。そのとき感じたのは「トイレの案内表示が悪い」のではないかということです。

ラッシュ時に駅に降り立ったのですが、ホームからの階段を降り、改札口の手前ではたと足を止めてしまい、後ろの人とぶつかってしまいました。私はトイレが改札の中にあるのだろうか、それとも外だろうかと迷ったのです。キョロキョロと周りを見渡したのですが、トイレのサインが見当たりません。人に聞こうと思っても、駅員さんがいる改札口には長い行列ができています。仕方がないのでウロウロと歩き回っていたら幸運なことにトイレが見つかりました。

その後、駅係員の方にサービスに関するヒヤリングをする時間を頂いたので、私はひとりの女性係員の方に伺いました。「率直にお伺いしますが、今お仕事をされていて、一番いやだなあと思う業務は何ですか」。

私も過去に駅員として働いていた経験があり、彼女は「酔ったお客様への対応」あるいは「夜間の清掃」と言うかな、と思っていました。ところが彼女は開口一番「有人改札業務です」と断言したのです。有人改札に1時間いるだけで胃が痛くなると言うのです。「特に土曜日の午後などは不慣れなお客様が一気に増えます。乗り越し精算はもちろん、道案内をしたり、トイレや売店の場所をお教えしたり。何十人と列ができてしまったりすると、悪いとはわかっているのですが、正直さばくのがやっとです」と話してくださいました。彼女は「自分の能力が低いからなのですが」と断りを入れながら、「さばく」という言葉を使っていました。

都会の駅の改札口は何万人という単位で人が通過します。この駅の乗降人数を仮に20万人とすると、平均で1時間に1万人、6分に1000人、1分間に200人弱の人が改札口を通過していくのです。ホテル並みの接遇も良いでしょうが、会社が望む理想と現場の実情との乖離《かいり》が生じています。

少し角度を変えて見てみましょう。

あなたが電車に乗るとします。定期券を持っていなければ、自動券売機で切符を買い、改札口を通過して電車に乗って、目的地で降りて改札口を通過する。この過程のどの部分で鉄道会社との人的な接点があったと思いますか。私はゼロだと思います。接点はないに等しいのです。では、それを利用者であるあなたは「サービスが悪い」と感じるか。これも否、です。

鉄道のサービスはホテルライクな接客・接遇にあるのではなく、時間通りに電車が来てくれて、正確な停止位置に止まってくれて、願わくば座れて、電車内の空調が適切で乗り心地も良く、時間通りに目的地に着いてくれて、有効な切符を持っているのにいきなり自動改札機が閉まったりしないでほしい、ただそれだけです。

そして、トイレ。

駅のトイレはいつも使うものではないかもしれませんが、可能な限り清潔だとうれしいです。そして、そのトイレがどこにあるのか、乗客の動線に沿ってわかりやすく表示されているとうれしいです。

駅を利用する乗客は基本的にこれから電車に乗るか、今、電車を降りて来たかのどちらかです。ということは、この二方向にあるお客様の視線に合わせて「トイレがどこにあるか」の表示をわかりやすくつけることが「サービス」であり、お客様への思いやりだということになります。

質の高い接客や接遇は信頼につながります。しかしそれ以前に、お客様がしなくていい質問をせずに済む状態をつくることこそ本当のサービスです。

お客様は別に駅の係員と積極的にコミュニケーションをとりたいのではありません。多くの場合は「仕方なく」尋ねているのです。尋ねてきたお客様に懇切丁寧に対応するのは当然ですが、お客様を並ばせて、聞かなくて済むことをわざわざ言わせていることがサービスの観点からすればおかしいと気がつくセンスも必要です。

お客様は別にトイレの場所を「人」から聞きたいわけではありません。トイレがどこにあるかわからないからおなかを押さえながら問い合わせの列に並んでいるのです。表示を工夫すれば即解決する問題です。


同じようなことが高級ホテルなどでしばしば見受けられます。

あえてサインを少なくし、お客様が「トイレはどこでしょうか」と聞くと「ご案内させていただきます」とトイレの前まで連れて行ってくれます。悪い気はしませんが、案内される先が「トイレ」であることにためらいを覚える方はいませんか。私は素敵な女性スタッフに先導されてトイレに向かうのはちょっと恥ずかしい気がします。女性であればなおのこと、男性スタッフに先導されるのを好む人はいないでしょう。

ちょっと聞いてみたら親切にしてもらったというのは悪い話ではありませんが、トイレは人に聞かずに場所がわかる方が気が楽だと感じるのは私だけでしょうか。

常にサービスの質を高めようと考えることは大切ですが、接客や接遇が自己満足にならないように注意することが必要です。

旅館の料理はなぜあんなに多いのか

当社はご高齢のお客様の比率が相対的に高く、70代、80代のお客様も大勢いらっしゃいます。その方々に共通の悩みは「旅館の料理はとても食べきれない」というものです。

残せば良いという簡単な話ではありません。ご承知のようにこの世代の方々は食べ物がない時代に苦労されたので「食べ物を粗末にする」ことを特にいやがられます。旅館の方には「少しでいいんです」「お願いです、ご飯はお茶碗に半分で」などと懇願するのですが、どうしても量が多くなってしまいます。

するとどうなるか。お客様の目は私に向けられます。「高萩さん、あなたまだ若いのだからたくさん食べて。私の分もあげるから」と私が一番恐れていた事態となります。テーブルの余った料理すべてが私のところに集められてくるのです。

「あなたまだ若いのだから」などと相対的におっしゃいますが、私もすでに40代の折り返し点を過ぎ、バイキングや食べ放題にはまったく興味を持たない年代です。旅館の料理の量の多さは私にとっても死活問題なのです。

どうしてこんなことになってしまったか。理由をご存知でしょうか。

いくつかの要因があると言われていますが、根本的な原因は旅行代理店との契約にあります。旅館の料金体系は、もともと根拠があいまいで利用者にとってわかりにくいものだったので、旅行代理店はそれを体系化しました。たとえばAプラン：1万5000円、Bプラン：1万7000円、Cプラン：2万円のように見せることにしたのです。これならお客様は選びやすいはずです。そして、価格の違いを説明するのに「料理の品数」が使われました。Aプランは13品、Bプランは15品、Cプランはそれに名物料理が別に付きます、と説明すればお客様の了解が得られやすいからです。

こうして旅館の松竹梅は多くの場合、料理の品数となりました。この伝統は基本的に今でも継承されていると考えられます。

逆に言うと、旅館がお客様からより多くのお金を頂くためには料理の品数を増やすことになります。「料理は少なくて良いのです」とか「ボリュームは半分にしてください」といったリクエストは、商売上、受けにくい要請になります。

私は、値段は同じで良いので量を減らしてくださいと度々お願いしますが、それでは申し訳ないと考える旅館さんは多いのです。

また、旅館さんが危惧するのが、アンケートに「食事の量が少なかった、足りなかった」と書かれることです。旅館の料理のボリュームが足りないとはどんな大食漢かと逆に心配になりますが。旅館の方に言わせると、たとえ百人にひとりでも「足りない」とクレームを書くお客様がいるのであれば、余っても良いから多めに出しておこう、となるようです。当然とも言える人間の防衛本能です。

同じようなことを、修学旅行を多数受け入れている旅館でも耳にしました。

先生や旅行代理店の下見では「夕食の量は十分か」について念を入れて確認があるそうです。修学旅行生は食べ盛りですから食べる量も半端ではないのでしょう。万が一にも出されたものがすべて完食されて「美味しかった、ごちそうさまでした」となると、帰宅後、父兄から「食事を全部食べたと聞いたけれど、量が少なかったのではないか」とあらぬ疑いをかけられてしまうこともあります。旅館と旅行代理店の名誉にかけて「残るのを承知でとにかく大量に提供する」ことでクレームを防ぐのだと言います。食育も何もあったものではありませんが、実際の現場では起きていることです。

社会は高齢化し、もったいない運動が盛んに。しかし旅館の料理は相変わらずです。食べ盛りの高校生にも80代のお客様にも同じメニューを提供しているのもどうかと思いますが、てんぷらと刺身、鍋といった変わりばえしないメニューを提供し続けているのも考えものです。

量が多いだけという印象を持ってしまったお客様は素泊まりができるホテルを選び、夕食は自分の食べる量に合わせて料理を選べる外のレストランでとることになります。上質で量を少しずついただけるレストランがまた限られていて、私たちを悩ませるのですが。

さまざまな事情から、旅館の料理は今後も量を減らすことは難しいのかもしれません。

そんな中でもサービスの本質を見極めたいと考える旅館には動きがあります。

旅館にいらっしゃるお客様が本来求めていること。それは女性のお客様であれば全員が思っているであろう、上げ膳据え膳。これ以上ない贅沢です。お膳が据えられるばかりか、洗い物も今日はしなくていいのです。幸せなことです。ご家族がいて大変な思いをされている主婦の方だけでなく、ひとり暮らしの方なども同じ気持ちでしょう。

こういった想いに寄り添うことが「マーケット・イン」の考え方です。上げ膳据え膳を望むお客様にはバイキング料理は不評です。お客様は皿を抱えて料理を取りに行くのではなく、自分が座っている席にきちんとした形で「運んで来て」ほしいのです。そのサービスにお金を払いたいのです。

格安旅館やホテルを中心にバイキングが花盛りです。もちろんそういったニーズがあることも否定はしません。客単価が下がる一方で競争も激しくなり、人件費が削減され、効率重視のバイキングスタイルが増えているのは理解できます。

しかし、旅館には一軒ごとにその役割があります。格安で宿泊できる旅館がある一方で、上質さを求めているお客様にきちんと向き合う旅館があって良いはずですが、それは少ないように感じます。厳しい言い方になりますが、安さを求めるお客様だけに向き合っていると、サービスの本質がわからなくなってしまう危険性があります。

旅館の料理長にしても、味のわからない人に腕によりをかけた手料理を食べられるのでは、やる気など出ないはずです。

お客様の求めていることの本質を見極め、そこに自分たちの役割が見出せるかを模索し続けてこそ、お客様の支持が得られるというものです。

お客様に聞く

ある時、全盲のお客様から「モンゴルを旅したいが介助者の同伴がなくても受けてもらえるか」とメールで連絡がありました。私は率直に自分の疑問をぶつけてみました。

「お客様、大変失礼な質問かとは思いますが、私は介助者の有無よりももっと心配なことがあります。全盲でいらっしゃるとのことですが、目が見えなくても旅は楽しめるものなのですか」

文字にするととんでもなく失礼な質問です。福祉の専門家だったらこんな質問は絶対にしないでしょう。でも、私は今まで自分の周囲に全盲の友人や知人はひとりもいませんでした。わからないことをわかったふりをすることの方がもっと失礼だと思い、正直な疑問を伝えてみたのです。

お客様からの回答は私にはとても意外なものでした。

「目が見えないのは不便です。視覚で旅を楽しめないですから。でもどうぞご心配なく。私には視覚以外の聴覚、嗅覚、触覚、味覚があり、この四つの感覚は間違いなく高萩さんより優れていますので、十分に旅は楽しめます。どうぞご安心ください」

お客様がおっしゃっていることの意味は、さまざまな場面で理解できました。

ウランバートルへのモンゴル航空の機内で、他のお客様と私は会話をしていました。

「機内食、たいしたことないですね」

「もう食べ終わっちゃいました」

するとこの全盲のお客様が「いや、高萩さん、これから肉が出ます」と言うのです。

「どうしてわかるのですか」

「今、肉を焼いている匂いがします」

目が見えることで、私の嗅覚は鈍っていたのです。

旅の終わりにお尋ねしました。

「今回の旅で、一番印象に残ったことは何ですか」

「そうですね、砂漠の中でしばらく何もしないでぼーっとしていましたよね。あのとき、まったく音がしない中で、頬でモンゴルの風を感じていた時間がとても印象に残りました」

モンゴルの風。

そうか、旅は風景を眺めるだけではなく、名所旧跡を観るだけではなく、体全体、五感全体で味わってこそ、本当の意味で「旅を愉しむ」ことになるんだと教えていただきました。今では他のお客様に「旅は五感で愉しみましょう」としつこいくらい言い続けています。

名所旧跡をたくさん回るのが価値あることではありません。
旅行の食事回数が多ければ良い旅行とは限りません。
訪問都市が多ければ得をするわけでもありません。
おまけをもらえたら旅がさらに楽しくなるのでもありません。

ものを観るだけではなく、異国の言葉や鳥のさえずりを耳で聴き、大自然の息吹を鼻で匂い、海の水や砂や山肌を手で触り、その土地の名物料理を味わい尽くす。

これらの体験から、五感を研ぎ澄ますことこそが旅の醍醐味だと、お客様と価値観を共有することができました。すると自然に損得勘定というレベルとは異なる価値のステージに移行することになるのです。

当社におまけや値引きという考え方がないのは、お客様がサービスを損得で考えていないからです。お客様が何を考え、何を語り、ときにはなぜ涙されるのか。どうして日本に一万社もある旅行会社の中から当社を選んでくださるのか。決して安くない費用をお支払いいただくにもかかわらず、どうして何度も繰り返しご一緒させていただけるのか。

これからもお客様にいろいろなことをお伺いし、お客様の気持ちに寄り添い続けることによって、損か得かではないフィールドでお客様との関係を築き上げていきたいと願っています。

お客様に聞く。コストはかかりません。無料です。

アフターサービスとは

私はアフターサービスという言葉が好きではありません。

ある時パソコンを買いました。店員さんおすすめのノートパソコンを購入して早速事務所へ持ち帰り、梱包を解き、電源を入れてパソコンを立ち上げ、ソフトをインストールして使い始めました。

「さすが、新しいパソコンはサクサク動くな」と私が感激しているこの時、この瞬間をパソコンメーカーは「アフター」と呼びます。アフターです。

そのアフターの時間も1年ほど経過すると不具合が出てきます。

私は今でも忘れません。

買って1年と少し過ぎたころ、スロットル（差込口）の調子が悪くなりました。接触不良を起こしたらしく、当時使っていたPHSの無線通信ができなくなってしまったのです。出張中にかなりの頻度で使うパーツだったので、困惑して「カスタマーサポート」のダイヤルに電話しました。

が、つながらないのです。とにかくつながらない。

テープによる音声ガイダンスで、該当する番号を押すように言われました。「○○は1を、△△は2を、××は3を……」。どれにも該当しないようなので戸惑っていると「電話が大変込み合っているのでまたかけ直すか、当社ホームページを見るように」との案内が繰り返されます。電話が込んでいるのであればかけ直してもつながらないのは容易に想像できますし、ホームページで問題が解決するとも思えません。

20分以上我慢すると「オペレーターにおつなぎします」とのアナウンスがあり、呼び出し音の後、ついに生身の人間が登場してくれました。「大変お待たせいたしました」。そう、待ちました。待ちましたとも。普通ならここでもう怒りが爆発してもおかしくありません。

私は「スロットルが接触不良で困っています」と用件を話しました。女性オペレーターさんは申し訳なさそうに「ご迷惑をおかけします。私の言うとおりに操作してみていただけますか」と細かい指示を出してきました。スタートボタンのなんとかからなんとかをクリックするとか、Fのなんとかキーを押すとか、再起動するとか。10分ほど言われるがまま操作しての結論は「そうですね、やはり壊れていますね」でした。

いやいや、壊れているから電話しているんです。壊れているとの結論を確認するために30分も費やしているのではないのです、と怒る気持ちを抑えて私は続けました。「東京都内で持ち込み修理をお願いできるところはありますか」。オペレーターさんは「大変申し訳ないのですが、当社は工場による集中修理のみとなっております。明日すぐに契約している宅配会社の者が集荷にお伺いしますので、1週間から10日お時間を頂ければ修理してお戻しできると思います」と。

私は決してモンスタークレーマーではありませんので誤解のないようにお願いしたいのですが、このようにお伝えしました。「すみません、このパソコンは私にとって命と同じくらい大切なものなのです。仕事に必要なものがほぼすべて入っています。1週間パソコンを手放すのは私には死を意味するのと同じくらいあり得ないことなのです」。

こうも言いました。「自動車の場合、整備工場に車を入れると代車が出てきますよね、代パソコンってないのですか」。

オペレーターさんは「申し訳ないのですが、個人情報保護の観点からそのようなサービスはやっていないのです」と泣きそうな声です。

なんだか私がいじめているみたいで、こちらも申し訳なくなってきました。この時点では何も問題は解決しませんでしたが、いったん電話を切りました。

しかし数週間後、やはり不具合のままでは仕事に差し障りがあるので再度カスタマーサポートに電話をかけました。もちろん再び音声ナビ。20分以上経ってからオペレーターさんが登場です。私は今回は戦法を変えることにしました。前回同様の話では堂々巡りになってしまい、お互いの時間がもったいないですから。

最初にとても大切なメッセージを伝えました。

「大変なお仕事だとお察ししますが、どうかわかってくださいね。私はあなたに恨みがあるわけでも言いたいことがあるわけでもありません。私は今、困っているのです。怒っているのではなく困っているのです」

「私はパソコンの素人です。細かいことは何もわかりません。だからあなたの知恵が必要なのです。パソコンを扱われるサポートセンターのプロとして、私に知恵を授けていただけませんか。私が困っているこの課題を最短の時間で解決できるであろう、あなたの知恵が欲しいのです。お願いします」。そう懇願しました。

サポートセンターの女性は即答してくれました。申し訳なさそうな声で「あの、そういうことであれば、お金はかかってしまうのですが、お近くの家電量販店に足を運んでいただきますと、外付けのスロットルというものが販売されています。八千円くらいするのではないかと思います。それをお買い求めいただければ、お客様がお持ちになっていらっしゃるパソコンのＵＳＢのところから差し込んでいただくことで、すぐにでもお使いいただけるかと思います」

それを早く言ってよ、です。前回は修理が話の前提でした。パソコンを持ち込みたい、いや工場での修理しかできない、の繰り返しで堂々巡り。そこにはプロの助言とか提案とか選択肢というものが存在しませんでした。

質問を変えることで新しい角度からの答えが出てきたのは収穫でした。

さて、本題はここからです。

やりとりに数時間を要しただけではなく、多大なストレスを感じた私もその場では事を終えるのですが、遠からずもう1台のパソコンが必要になり、家電量販店に足を運ぶことになります。

私は前回名刺をもらっていた店員さんを呼んでお願いしました。

「先日はありがとうございました。あのパソコン、とても良かったのですが、スロットルの調子が悪くなってカスタマーサポートに電話したら、電話はつながらない、つながっても慇懃無礼で言葉はやたらに丁寧なんだけれど何ひとつ問題は解決しない。ものすごくストレスになったので、また同じ思いをしたくないから、次の1台はあのメーカー以外のパソコンから選んでもらえますか」

そうなのです。

パソコンメーカーの技術陣がどんなに素晴らしい機能を備えたパソコンを開発しても、

どんなに有名な俳優を起用して大量の宣伝広告費を投入しても、私が今、ここで新しいパソコンを1台買おうとしている現場において、あのメーカーは選ばれるべき選択肢の土俵にすら乗れていないのです。このようなことが日本中で起きているとするならば、メーカーの機会ロスはいったいどれだけの数字になっているのだろうと考えてしまいます。

多くのメーカーはアフターサービスが「販売後の余計なコスト」であり「可能な限りそのコストを削減したい」と本音の部分では思っているでしょう。メーカーが自分たちの側の視点で「アフターだ」と見ている限り、この時間はお客様にとっては「次の1台を買う前のスパン」つまりアフターではなく「ビフォー・ネクスト」セールスの状態であることに気がつかないでしょう。

今の世の中、人生で初めてパソコンを買うという人の比率は低いはずです。たいていの人たちは何らかの「体験」を持っています。「アフターサービスなど、できることならコスト削減のためにやめてしまいたい」。そんなオーラを受け取った消費者はどんな動きをするでしょうか。そうです。「どこも一緒なら安いのでいいよ」と台湾メーカー、中国メーカーの製品を購入するのです。

メーカーにとって重要なことは出荷台数であり販売台数なのは理解できます。熾烈な競争をグローバルで勝ち抜くためには数の論理は大切です。ただ、１００万台のパソコンも1千万台のパソコンも、今、目の前で消費者が買おうとしている1台の積み上げでしかないのです。パソコンを1万台まとめて買ってくれる顧客はそう多くはありません。

私たちは別にパソコン本体そのものが欲しいのではありません。パソコンを買うと言うよりは、パソコンの機能を使って仕事を快適に進めたいのです。その価値があると感じているから決して安くないお金を払うのです。求めていることは、快適な時間であり、仕事の効率です。

製造業でモノが売れないとの嘆きを耳にすることが多いですが、モノを売ろうとするから売れないのだと考えてしまいます。こんな話をすると「お前が言っているのは理想だ、現実はそんなに甘くない」と叱られてしまいそうです。でも、消費者の実感、体感を無視してこれからも商売が成り立つのか、私はとても心配です。黒船に勝つには発想の根本的転換が必要です。

コラム

提案は「松竹梅」で

あるお客様からご依頼を受けてカンボジアへの旅をコーディネートすることになりました。私自身、カンボジアの知識が潤沢にあるわけではないので、まずはランドオペレーター（現地手配会社）に手配可否の打診と見積もりの依頼をしました。

その結果、

【A社】一番早くメールで回答あり。フォローの電話もあり。Xホテル利用で金額は想像していたより高い。

【B社】ファックスで回答あり。その後、特に連絡はなし。Yホテル利用で金額はA社より高い。

【C社】メールで回答あり。Zホテル利用で金額はダントツ安い。回答の翌日、突然アポイントなく営業マンが現れる。

私は「これじゃ、決められない」と困惑しました。

私＝発注する側の心理を考えてみてください。

・大切なお客様のコーディネートである
・予算的に、出せないわけではない
・現地の知識が十分ではない
・どれくらいの費用がかかるか、見当がつかない
・現地事情を含めて、本当のことを言ってくれる人と仕事がしたい
・わからないことに対して、助言してくれる人を求めている

おおよそこのようなことを考えています。

ところが営業マンは、お客様は料金がいくらになるかだけを知りたいと思い込んでいる。これでは話が噛み合いません。仕方がないので私は「料金を比較」するのです。

多くの方から「高萩さんはおまけや値引きはサービスじゃないと言うけれど、現場では値引きのことしか言われない」と話を聞きます。でも、仕事をオーダーする側から見ると「価格以外の価値が提供できていない」と映ります。

ほとんどの善良な消費者は「値段だけでは決めていない」はずです。しかし、人は何が違うのかがわからないと、一番安いものに手を出してしまいます。

プロの立場からお客様に「価格が違うと、何が違うのか」を丁寧に教えてさしあげてください。自分のポケットから「松竹梅」をすべて出して提案し、どのレベルでも対応できるようにしておくのです。

・安いのが良ければ、最安値はここで準備できます。
・あと1万円出せるなら、このように内容が良くなります。

・2万円加算することで一気にクオリティーが上がります。

営業を何年もやっていらっしゃる〝その道のプロ〟から、このようなアドバイスをしてもらえないのが不思議でなりません。提案営業などという言葉を使うまでもなく、営業とは提案そのものです。そして、お客様想いの提案をすることが、さらに上のサービスを提供することにしっかりとつながっていくのです。

営業マンは疲弊し、会社に利益は残らず、安い商品を売るのでクレームが増える。こんな状態が放置されているとしたら、すぐに対策を考えてみませんか。

第３章

しくみ

少しの工夫で商売繁盛

声なき声を聞き出す

お客様の声をしっかりと聞けていますか。

「アンケートは常に重要と考え、お客様の声にはしっかりと対応している」。こんな声が聞こえてきそうですね。では、その声は「誰の声」でしょうか。お客様の全体像は見えていますか。

あるカード会社に講演でお邪魔したとき、カスタマーサポートの電話担当の方とお話をする機会がありました。「最近はお客様からの要求やご意見が大変細かく厳しいものになっている」とおっしゃるので「ところでどんな方が電話してこられるのですか」と伺いました。担当の方は笑いながら「ほとんどは同じ方です」「毎日電話してこられる方もいます。常連さんにはあだ名がついています」とおっしゃるのです。どこのお客様相談室やカスタマーサポートでも同じような状態ではないでしょうか。

私はクレジットカードを複数持っています。1枚は20歳の時に作り25年所有。もう1枚のカードも作って5年は経ちますが、どちらのカード会社にもまだ一度も電話したことはありません。理由は明白です。電話をする用事がないからです。何の不便、不満もなく普通に使っているので、電話をする必然性を感じません。

クレジットカードに限らず清涼飲料にしても食料品にしても、多くのユーザーはまあまあ満足している限りは「わざわざ」何かモノを言ったりはしません。自分の意見を「わざわざ」表明するのもけっこうエネルギーを要することですから、可もなく不可もなくのレベルだと多くのユーザーは黙っています。

いつも声をあげてくるお客様は確かに大切です。常に何かを言いたがる人は、言うネタを仕入れるために「サービスのほころび」を探し出すアンテナが敏感になっていますから。重箱の隅をつつくことを人生の至福と考えるモンスタークレーマーも、違う見方をすれば、黙って何も言わない人を代弁している「消費者の代表」とも考えられます。

あるカレー屋さんでカツカレーを食べていたときのこと、店内の冷房が異常に効いていました。「寒いなあ、冷えすぎだなあ」と思いましたが、店員さんに「わざわざ」苦情を言うことはしませんでした。他の人は暑いかもしれないし、カレー屋さんだから意図的に冷やしているのかもしれないと思ったからです。でも、さすがに寒くて具合が悪くなりそうだと感じたとき、隣に座っていた男性が店員さんに「ちょっと寒すぎるのではないの」と怒った口調で指摘しました。私は「おお、やっぱり隣の人も寒いと思っていたんだ」と助かりましたが、店員さんは反射的に「申し訳ございませんっ」と謝っていたのです。

こういった場面では謝るよりもお礼のメッセージを伝える方が適切です。「ご指摘ありがとうございます」「気がつきませんでした。言っていただいて助かりました。ありがとうございます」。そう返してもらえると「言って良かった」と思います。

そう、意見表明するのにもエネルギーがいるのです。謝られてしまったら、事情がわからない周りの人から「あいつ、なんかクレームあげてるぜ。最近流行りのモンスターか」と誤解されるかもしれないのです。声をあげた人が「ああ、言うんじゃなかった」と思ってしまうクロージングは最悪です。「わざわざ」事実を指摘してくださったことに対して感謝の気持ちを表わしましょう。

さて、いつも事実を指摘してくださる常連さんにお礼を伝えたら、次にやらねばならない本丸の仕事が待っています。それは日頃何も口にしてくださらない、黙っている多数派「サイレント・マジョリティー」の気持ちをしっかりとつかむ作業です。

一部の熱烈なファンのみで経営が成り立っている特殊な会社を別にすれば、一般にはファンと呼ばれるお客様だけでは会社の売り上げは目標値まで到達しないのです。だから、もう少しストライクゾーンを広げて、最大多数派であるサイレント・マジョリティーへのアプローチが必要になります。モノ言わぬお客様になんとかしてしゃべってもらう工夫です。

北海道のあるホームセンターではこのサイレント・マジョリティーを重視しています。お店の出入り口付近にスタッフを待機させ、何も買わないで出て来たお客様を呼び止めて、なぜ今日は何も買わなかったのかを聞くそうです。手ぶらで出て来たすべてのお客様に声をかけるのです。

お客様はびっくりするでしょう。でも、ほとんどの方は正直に答えてくださるそうです。「サイズが合わなかったんだよね」「欲しい色がなかったんだよね」「探していたものが見つけきれなかったんです」などと。

この作業を延々繰り返したらどうなるでしょうか。お客様にとってより良いお店になるのは当然です。店の隅やエスカレーター脇にアンケートボックスを置いても、「探していたものがどうしても見つかりませんでした」などという声が投函されることはありません。欠品にいちはやく気づくためには、今まさに欲しいものがなかったと、その瞬間に教えてくださるお客様の声こそが値千金の声です。


当社でもお客様の声を根掘り葉掘り聞いています。

アンケートは、以前「アンケートのお願い」としていたときは返信率が悪かったので、スタッフのアイデアで「ベルテンポの通信簿」と名前を変えました。当社のサービスに対して「意見を言う」のではなく「学校の先生が通信簿を書くような気持ちで感想を」とお客様にお願いしたら、返信率が一気に上がりました。「アンケート」だと特に不満がない限りは小さなことは言いにくいと感じる方でも「私たちのために意見が欲しい」と懇願されれば、言ってあげるのが相手のために親切だと思うのです。

私たちは値千金の助言をくださったお客様に対して「口にしてくださって本当にありが

とうございます。言ってくださってうれしいです」と心からのお礼をお伝えしています。

意見を言わせておきながら返事もしないなら、アンケートをとるべきではありません。「わざわざ」書いてみたところで、その後の連絡がなかったり、返事が来てもテンプレートで作ったような通り一遍のお詫び状だったりすると、気持ちが萎えてしまいます。わざわざ書いた自分の行為が馬鹿らしくなり、もうその会社のサービスを受けるのはやめようと心に誓うことだってあります。中途半端なアンケートはマイナスの結果を生む可能性すらあるのです。

サービス業はお客様から「言ってもらえなくなったら終わり」です。言ってもらっているうちが花ですから、お客様の「わざわざ」にはしっかりと対応しましょう。

「わざわざ」に真摯に返事をすることは大切ですが、同じくらい大切なことが、声なき声をしっかりと集めるしくみ作りです。それこそが商売繁盛の原点だと言えます。

損得ではなく好き嫌いで選んでもらう

当社にはお客様ひとりひとりの「旅のカルテ」があります。

以前、具合が悪くて病院に行った後、処方箋を手に近くの調剤薬局に足を運んで目にとまったのが、透明のクリアファイルに入ったカルテでした。私は薬の説明を聞くのはうわの空で薬剤師さんを質問攻めにしました。「このカルテはどのように管理しているのですか、生年月日ですか、保険証の番号ですか。どこで買いましたか」。変な患者だと思われたでしょう。でも薬剤師さんは丁寧に答えてくださいました。

カルテはアスクルで簡単に手に入ると聞き、さっそく当社でも購入。今までいろいろな方法を試しましたが、この調剤薬局スタイルで当社のカルテシステムは完成の域に達したと自負しています。

このカルテに書かれていることはバリバリの個人情報です。住所や生年月日は当然として、障害の状況、ひとりで立てるのか、階段は手すりがあれば大丈夫なのか、お風呂はどうやって入るか、食べ物の好き嫌いは、など多岐に渡ります。亡くなられたご主人様の命日などが書き込んであることもあります。

好き嫌いについては、たとえば甲殻類が苦手とか、イクラはだめだけれどウニは新鮮ならOKとか、キュウリが苦手とか（給食の好き嫌いみたいです）。

旅行中の笑顔の写真もカルテには挟んであります。わりとアナログです。顧客管理ソフトなども検討しましたが、アナログが一番便利で使いやすいのです。

なぜ、こんな面倒なことをするのか。

お客様のことが知りたいからです。お客様を知ることこそ、サービスの質の向上に欠かせないことだからです。

私自身、好き嫌いが多いので旅先で食べられないものを出されるのはいやなのです。せっかくの旅ですから食べ物にはこだわりたいと考えます。

あるとき函館の旅に「海産物が苦手」と言う方が参加されたのですが、あなたならどうしますか。「海の幸が食べられないのに函館かよ」。普通はそう思うでしょうし、旅行代理店のカウンターでこんな相談をしても絶句されるのが落ちです。他のすべてのお客様は海の幸を楽しみにされています。さあ、あなたが手配担当者ならどうしますか。

当社ではふたつの方法を併用しています。

ひとつは海の幸を出さない工夫。

函館には「うにむらかみ」という素敵なお店があります。小さなお店なので団体での利用は無理ですが、少人数であればその日の入荷に合わせて新鮮な海の幸を提供してもらえます。その「うにむらかみ」さんに当社の手配担当は連絡を入れます。「すみません、8人でお邪魔するのですが、そのうちひとりは海鮮がまったくダメ、ひとりはイクラが苦手、ひとりは甲殻類がちょっと……」と細かく伝えます。

函館には100パーセント観光客のみで成り立っているお店もたくさんありますが、地域密着型で毎晩地元の人でにぎわうお店もあります。地域密着型の繁盛店の特徴は「お客様本位」だという点です。少し考えればわかることですが、家族や親戚が集まっても「どうしても魚が苦手」な人がいるような状況は生じます。ヒカリものはダメだとか、甲殻類は、とか、イカが、ウニが……と細かい注文がつくことは、じつは普通にあるでしょう。それをお店側がどう考えるかです。

やはり繁盛している店にはそれなりの理由があります。魚介類が苦手な人がいることを伝えても平然と「わかりました。ではメニューについてはおまかせいただけますか」と言ってくださいます。当日は調理場から調理師さんが出て来てくださって「お魚が苦手な方はどなたですか。○○は苦手ですか、△△なら食べられますか」と一品ずつ食べられるかどうかを聞きながらメニュー構成を考えてくださいました。

もうひとつの方法。それは「海の幸が苦手」とおっしゃる方に、本当に美味しいものを提供する方法です。

食べ物には意外と食わず嫌いがあります。なにより私がそうでした。海産物はあまり得意ではなく、以前はウニが食べられなかったのです。お寿司屋さんに行ってもウニは必ず誰かにあげていました。ところが、北海道の利尻に出かけた際に、夕食がウニづくしだったのです。私は仲間に「全部あげますからどうぞ召し上がってください」と言ったのですが、聞いていた宿のご主人が「せっかく来たんだから騙されたと思って食べてみな。いいから口に入れてごらん」と薦めるのです。確かにそれもそうだと素直な気持ちでウニを口に運んでみたら、信じられない味がしました。まるで透明な海水をいただいているかのような食感。口のなかで溶けてしまい「今まで私が食べていたウニは何だったのだろう」と考え込みました。

宿のご主人に、ウニは溶けてしまうからミョウバンにつけるのだと教わりました。普通はミョウバンにつけたウニを出すので、食べると苦味を感じるのだそうです。

私にはその体験があるので、決して強制はしませんが、お客様に「本物を食べてみませんか」とお誘いしています。函館の旅でも、お客様の嫌いな食べ物がどんどん減っていくのが手にとるようにわかりました。

そんな様子を見ることは、私たちにとっては楽しくうれしいことです。お客様からすれば「私のことをわかってくれている旅行会社」と映るでしょう。そして、「次も旅行をお願いしたい」と考えていただける可能性は高くなるはずです。

お客様の判断基準が「どの会社に頼むと自分が得をするか」の損得勘定ではなく、「どの会社が私は好きか」の好き嫌い勘定（「勘定」ではなく「感情」かもしれません）になれば、企業は経営的に助かるわけです。

お客様を損得で誘うと、得だと思われているうちはリピートしてもらえるかもしれませんが、隣にもっと得なお店が一瞬でも存在してしまえば、お客様はそちらに流れて終わりです。当たり前ですが、損得勘定では瞬間的な付き合いしかできません。

私は経営者仲間に「料金で勝負しない方がいい」と常に言い続けています。デフレの時代と言われますが、お客様からは少しでいいから多めにお金をお預かりした方がサービス的に成功する可能性は高いのです。

決して安くはないけれど望むサービスを懇切丁寧に提供してくれるお店や企業。そこに人は通うようになるからです。サービスのきめ細かさを実現するためには、ある程度の精神的なゆとりが必要です。サービス提供者側が精神的にも経済的にもカツカツの状態では、良いサービスをしようという心持ちにはなりません。

このような話をすると「当社は顧客リストだけで数万人分ある。カルテを作るのは現実的ではない」「お客様の個人情報を集められない」「お客様が情報を出したがらない」といった反論を聞きます。

出したがらないのは当然です。どんなメリットがあるのかわからず、単に売り込まれるだけなら誰だってごめんです。

旅館さんではこんな意見もありました。「お忍びで旅館に泊まっていることを知られたくない人もいる」。それはその通りですが、だからといって何もしないのはもったいない。99パーセントのお客様はお忍びではないと思います。

どうしたらよいのでしょうか。

簡単です、聞くのです。「ワケありですか?」と。

ウソです。逆です。ワケのない人に申告してもらうのです。通常はアンケートの最後にせいぜい「当旅館からご案内をお送りしてもよろしいですか」程度のことしか書いていません。お客様は、ご案内という名の売り込みダイレクトメールが来るとわかっていますから、そんなものを希望しないのは当たり前です。少し手間をかけてこんなふうに書いてみてはいかがでしょうか。

ご縁をいただいたお客様と「一期一会」ではなく、一生涯のお付き合いができたならばこんなにうれしいことはございません。この旅館では四季の移り変わりを肌で感じることができます。ここに住む私たちから都会にお住まいのあなたさまへ、四季折々の様子を綴ったお便りを、ご迷惑でなければお届けしたいと考えております。お手紙を送らせていただき、ご縁をつながせていただくことはできますでしょうか。

これなら「送ってもらおうかな」と考える人がいても不思議ではありません。送られては困る事情がある人は反応しなければ良いだけです。

お客様に好きになってもらう工夫を考えてみましょう。

ポイントカードの考え方

私は財布の中に20枚以上のポイントカードを入れています。

「無料で作れます」「すぐにお作りします」と言われると私も人間、損をしたくない心理が働くので、その場でカードを作ってもらうことが多いのです。

問題はその先です。私はカードを作ってもらったお店に再び足を運ぶことは、まずありません。ポイントカード自体は特に目新しいサービスではなく、どこでもやっていることですから「もう一度足を運ぶための動機づけ」にはなりにくいのです。

以前、こんなことがありました。あるリラクゼーションのお店に入り、「無料で」「すぐに」作ってくれると言うのでポイントカードを作りました。紙にハンコを押す原始的なタイプのカードです。

そのお店の技術とサービスはわりと気に入り何度か通っていたのですが、ある時ポイントカードを忘れたと告げると顔見知りの店員さんが「すみません、お忘れになった場合、ポイントはおつけできないのです」と言いました。よくあるやりとりですが、せっかくリピートしているのに「忘れた」から「ポイントつかない」。お得感を演出するはずのポイントシステムが、お客様を「損な気分」にさせてしまっている。このことに気がついていないとしたら、もったいないことです。

ちょっと損をした気分になりました。それでもカードを持参していない自分が悪いのだから我慢します。


それからしばらく通い、あと一回でスタンプが10個揃うという日に「すみません、今日はこの割引を使わせてもらってもいいですか」と確認した私への答えは、衝撃的なものでした。

「お客様、大変申し訳ないのですが、このカードは3日前に有効期限が切れています」

「えっ、そんなはずはありません。有効期限が1年と書かれていた覚えはもちろんありますが、前回来たのはついこの間ですよ。覚えていますよね、前回お邪魔したの」

「ええ、でもこのポイントカードは最終来店日から1年間有効ではなく、カードを作成した日から1年間有効なのです。なので、このカードは無効ですから新しいものをお作りしますね」と、店員さんは9つスタンプがたまったポイントカードをポイッと私の目の前でゴミ箱に捨てて、まっさらなカードに作り替えてしまいました。


なんとも釈然としない気分で施術を受けていると、カーテンの向こうで今、入店したお客様と店員さんが何かやりとりをしているのが聞こえます。

「このカード、ポイントがたまったので今日使えますか」

「お客様、このカードは有効期限が切れています」

ああ、このお店に将来はないな。そう思いながら施術を終え、料金を払い、店を出て、それからそのお店には二度と足を運んでいません。


私、心が狭いのかもしれませんが、何だか騙された気分なのです。ポイントカードを提示することでお客様が損をしたと感じるしくみは明らかにおかしいと感じます。

スタッフの技術やサービスのクオリティーは良かったので、とても残念ですが、どうしてもこのお店に戻るのは納得がいかないのです。もったいないことです。

どうしてこのような対応になってしまうのか。おそらくは、単にオーナーがケチなだけと思います。従業員からも搾取して、自分だけはスポーツカーを何台も所有して乗っているそうです。勝手な妄想ですが。

そもそもポイントカードを導入するときに、サービス提供者側に損得でつながろうという姑息さが見え見えならそれまでです。

ポイントカードはファンクラブ会員証なのです。

ポイントカードで「作ってはみたものの、あれから利用していない」ものと「比較的よく使う」ものとの違いは何だと思いますか。

私は、使用頻度が高いカードに共通して言えることは「つながっている感」ではないかと推察しています。私の個人的な感覚にすぎないかもしれませんが、単なる損得の関係から一歩前進させて、お客様に自分たちのサービスをより身近に感じてもらうために大切なことは「つながっている感」の演出だと考えます。

家電量販店のポイントカードを持っている人は多いと思います。どうして持っているのでしょうか。ポイントをためると得をするからですね。特定のお店に思い入れがあるとか知っている店員さんがいるというのでなければ、家電量販店を差別化するのは、価格とポイントの付与率のみということになるでしょう。

私はおそらく都内にある家電量販店のポイントカードをすべて持っています。秋葉原でも有楽町でも、別のお店のポイントカードを出して、店員さんに「すみません、これはうちのではありません」とイヤな顔をされた経験があります。本当に申し訳ないのですが、その程度のつながり感なのです。私なりに言い訳をさせてもらえるなら、お店から出ているオーラが120パーセント「お得感」のみだからです。そこに強い「つながり感」はありません。

具体的な話になりますが、私はクレジット機能付きのＪＡＬカードを所有しています。

飛行機での出張が多いので、もちろんマイレージをためたり買い物のポイントをためたりもするのですが、カウンターや機内でＪＡＬカードを出すと「高萩様、いつもご利用いただきましてありがとうございます」と必ず言っていただけるのです。私はこの「いつも」がつながり感を演出する秘訣だと考えています。

人間は「いつもありがとうございます」と言われると例外なくうれしいはずです。その辺りのイチゲン客と違っていつも来てくれている人ですよね、と、つながりがその都度確認できるのです。ＪＡＬのような大きな組織が私の顔をいちいち覚えているわけはありません。でも、こういったメンバーズカードがあると、スタッフはある意味ラクです。「目の前に立っているこのお客様は常連客だ」とお客様自らが教えてくれるのですから、アルバイトのスタッフでもクオリティーの高い対応ができるのです。

航空会社は特殊だと思われるといけないので、体験談をもうひとつ。

中年男性が持つのは少し恥ずかしいのですが、私はミスタードーナツのミスドクラブのポイントカードを財布に入れています。男でも小腹がすいたときに甘いものが食べたくなることはあるのです。

ある時、小田急線の喜多見駅構内にあるミスタードーナツに立ち寄りました。ドーナツをいくつかトレーにのせ、会計のところまで進むと、明らかにアルバイトと思われる女性店員さんが、私が渡したポイントカードを手にして「いつもご利用いただきましてありがとうございます」と言ったのです。びっくりしました。そう、ポイントカードを所持しているということは、このお店には年に数回しか来ないかもしれないけれど、系列の他のお店に足を運んでいることは確かです。


私は「いつも」のひと言がつながり感を強めると考えます。

あなたの会社やお店で、もしポイントカードをすでに導入しているならば、明日からカードを見せてもらったらすぐに「いつもご利用いただきましてありがとうございます」とスタッフ全員が反射的に言えるようにトレーニングをしてみてください。そうすることでお客様とあなたの距離が数センチ縮まります。この数センチが、お客様がまた来る一歩につながるのです。

得だから来る、損したからもう来ない。その領域を踏み出して「好きだから来た」と言ってもらえるような関係をお客様とつくりましょう。

お客様を忘れるとお客様から忘れられる

当社ベルテンポでは毎月1回、会員様向けにニュースレターを発行しています。高級感はありませんが、外注せずに手間暇をかけて社員が製作しています。

この他にも、代表の私がメールマガジンを週2回発行し、ブログはなんとかほぼ毎日更新しています。旅先からも随時お客様にハガキを出しています。

私たちは何をしているのか。

会社や商品の売り込みではありません。情報発信の目的はただひとつ。「私たちはあなた＝お客様のことをちゃんと覚えていますよ。忘れてはいませんからね」というメッセージをお届けすることです。

私たちとお客様との架け橋である月に1回の紙媒体、ニュースレターは必須です。しかし、月に1回だけの発行ではお客様は私たちのことを忘れてしまいます。お客様は何かと忙しいのです。ご高齢だからといってヒマでヒマで毎日あくびをしながら過ごしているわけではありません。病院へ行ったり同窓会へ行ったり、週末に孫が遊びに来たり、何かと用事があるのです。

病院へ行くことと旅行に行くことは、並列して考えると旅行の方が重要な案件にも見えます。ここが間違えてしまうところです。

人は通常、目の前のことで精一杯なのです。人は怒りながら笑うことができないように、病院の予約のことを考えながら旅行のことは考えられないのです。そう、毎日自主的に旅行のことを考え続けてくださるお客様はほとんどいないと考えるのが正解です。

月に1回のニュースレターをお送りすれば、瞬間的にかもしれませんが、お客様は年に12回はベルテンポのことを思い出してくださいます。逆に言えば、年365日のうち12日だけ当社を思い出してくださり、残りの353日は当社のことは頭の片隅にさえない可能性もあります。

旅行は不要不急の余暇活動です。心にゆとりがあるときにしか、お客様は旅行のことも当社のことも思い出しません。

厳しい見方をすれば、サービス提供者側もお客様のことを実際にはどれだけ思い出しているのかという踏み絵を踏まされているに等しいのです。私たちはすっかり忘れているけれど、お客様は覚えてくれているなどというサービス提供者側に都合の良い状態は、よほどのことがない限りありません。お客様が私たちのことを忘れているというのは、つまるところ、私たちがお客様のことを忘れているのです。

規模の大きい会社やお店では難しいかもしれませんが、少人数の会社やお店ならばダイレクトメールやニュースレターの送付は自前でやることをお勧めします。

代行サービスに依頼してしまう方が時間とコストの節約になる場合があります。しかし、お客様にお送りする封書やレターを自分の手を動かしながら作ることで、お客様の名前を見て「ああ、しばらくお顔を拝見していないけれど元気でお過ごしかな」「昨年、お父様を亡くされてからご連絡を頂いていないけれど、その後どうしていらっしゃるかな」などと思い出せるのです。そこで一筆入れてみようかという気持ちになることもあるでしょう。そこまでしないにしても、お客様の顔を思い出すのはとても大事なことです。

リピーターが少ない、お客様が戻ってこないと嘆いている経営者に聞いてみると、驚くほどお客様の顔が見えていません。お客様のことを経営者が覚えていないのに、お客様があなたやあなたのサービスを覚えているはずがありません。

あなたにもたくさんのダイレクトメールが届くと思いますが、心動かされるものは少ないはずです。多くのダイレクトメールは単なる売り込みにすぎないからです。

誕生日が近くなるとあちこちからバースデー記念の割引やら粗品進呈やらのハガキや封書がたくさん届きます。年齢を重ねたことを心から祝ってくれているダイレクトメールはおそらく皆無でしょう。どれもこれも「また買いに来てね」としか書いてありません。そう、あなたに興味があるのではなく、あなたのお財布や可処分所得に興味があるんですよね、と暴露しているようなものです。

お客様は基本的には忘れられたくないはずです。覚えていてもらえたらうれしいはずです。あなたのことが嫌いでなければ、ですが。

それなのにあなたが忘れてしまってはいけません。ぜひ覚えていてさしあげてください。そして「覚えていますよ」のメッセージをお客様にしっかりとわかるように伝えてさしあげてください。手紙や郵便ではなくメールマガジンでもかまいません。その手段は何でも良いと思います。

メールマガジンを10年送り続けて、11年目に戻っていらっしゃったお客様もいます。人にはそれぞれ「リピートのスパン」があります。年に何回も買ってくださるお客様はもちろんありがたいですが、数年に1度、場合によっては十数年ぶりに戻ってこられるお客様がいるのも現実です。

忘れられさえしなければリピートの可能性はゼロではありません。忘れられてしまえば可能性はゼロです。0・01パーセントではありません。ゼロです。

お客様に「また来たよ」と言っていただけるその日まで、愚直に「覚えていますよ」サインを送りましょう。

クレームは共感で乗り切ろう

残念なことにお客様が爆発する可能性をゼロにはできません。脇の甘さ、サービスの詰めのあまさ、オペレーションの不具合などは常に１００点満点とはいきませんし、お客様の側が虫の居所が悪かったりすることもあります。

ある日のこと。ホテルのコーヒーショップで打ち合わせをしていたときに、貧血でしょうか、突然女性が倒れて救急車で搬送されて行きました。私は倒れた人のわりと近くの席にいたので、ホテルの方が救護する様子、救急隊員が酸素マスクを付ける様子がわかり、その人が大事に至らないことを祈りました。

ところが少し離れた窓際の席がどうも騒々しい。齢《よわい》60はとうに超えているであろう女性がキツイ顔付きでホテルのスタッフに何か文句を言っています。ホテルの若い男性スタッフはコメツキバッタのように平謝りですが、女性の怒りは治まりません。

「あんたじゃ話にならないわ、店長を呼びなさい」と怒鳴ったかと思うと、その女性は男性スタッフを見事なまでに突き飛ばしました。彼はいったん引き下がり、店長らしき男性と一緒に現れました。


そして再び平謝りです。「申し訳ございません。本当に申し訳ございません」とひたすらお詫びをしている様子がこちらからもわかります。クレームを申し立てている、と言うよりはほとんどモンスタークレーマーにしか見えませんが、激高して収まりのつかない女性はこぶしを振り上げて怒りまくっています。

「私、びっくりしたじゃないの。心臓が止まるかと思ったわよ」「あんたたち、ここはファミリーレストランじゃないのよ。ホテルのカフェよ、わかっているの」など、コーヒーショップ中に響き渡る声で怒鳴り、叫び、店内は騒然としています。

あまりの激高ぶりに、近くの席にいた男性客が「お前が一番うるさいんだよ、黙れよ」と怒鳴りつけましたが、女性が「うるさい、この若造」などと応戦する始末で現場は大混乱となりました。

結局、女性の怒りは最後まで治まらず、レジで「あんたたち、私はここの社長を知っているのよ、言いつけてやる」と言いたい放題で立ち去って行きました。

ホテル側は事態を収拾できないまま、他のお客様に「お騒がせして大変申し訳ありません」とお詫び行脚していました。当然、私のテーブルにも店長らしき人がお詫びを言いに来ました。私は「人命第一ですから、ホテル側が悪いわけではないですよ」と伝えましたが、ホテルはクレームに対しての初期対応を明らかに誤っているとも感じました。

この女性は言動からして明らかにモンスタークレーマーでしょう。怒りを表明したのは今回が初めてではなく、あちこちでトラブルを勃発させている問題客であることは想像できます。

何をそんなに怒っていたのか、私は検証してみました。その女性の怒りではなく、発言のみに着目したのです。

「私、びっくりしたじゃないの。心臓が止まるかと思ったわよ」
「あんたたち、ここはファミリーレストランじゃないのよ。ホテルのカフェよ、わかっているの」
私はこのふたつの発言が〈共感〉ポイントだと見ました。

モンスター女性は座っていた場所が現場から離れていた上に、椅子が反対向きだったため、具合が悪くなった人がいて、救急車が要請されたことを知る由もなかったのです。同伴者と談笑している彼女がガラス越しに最初に見たものは救急車でした。驚いた彼女の目に飛び込んできたのは、後から付いて来た赤色灯を回す消防車だったのです。最近は火事ではなく救護案件でも消防車が出動することが多いと聞きます。

モンスターの彼女は消防車を見て、えっ、火事なの、と〝心臓が止まりそう〟になって椅子から立ち上がり、周りを見ると誰もが慌てもせずに談笑しながら食事をしているではありませんか。そしてほどなく担架で運び出される急病人の姿を見つけ、こんなことになっているのに、その事実を自分たちに知らせることなく放置したコーヒーショップのスタッフに「あんたたち、ここはファミリーレストランじゃないのよ。ホテルのカフェよ、わかっているの」の気持ちを抱き、罵声を発するに至ったのです。

ホテルのスタッフは女性が大きな声を出したため、反射的に謝ってしまいました。さらに大きな声を出されたので、さらに謝り倒しました。

この対応はとてもホテルとは思えない、最悪のものです。「申し訳ございません、本当に申し訳ございません」とひたすら謝るのは「謝罪」ではなく「拒絶」です。「あなたとはもう距離を置きたいのです。これだけ謝っているのだから、もう許してくれてもいいじゃないですか」と、本当の気持ちは相手を受け入れていません。相手もそれは察します。「この人たち、表向きは謝っているけど、私の言っていることには同意していないわね」と怒りは治まるどころか増幅します。謝り倒すのはクレーム対応としては最悪の手法です。

この場合、ホテルはどう対応すればこんなひどいことにならずに済んだのでしょうか。

キーワードは〈共感〉です。

もちろんお客様はなんらかの事情で怒っています。不快な想いをさせてしまった事実については迅速な〈謝罪〉が必要です。「ご不快な想いをさせてしまったことを心からお詫び申し上げます」と謝罪は一回のみです。

そして、お客様がご立腹になっているその態度や声の大きさ、表情、そういった表面的なことには一切興味を持たずに「お客様が何を言っているか」にのみ着目してください。何が怒りの根本原因なのかを探るのです。

私は今、怒りという表現を使いましたが、一般的なクレームの場合、怒ることを目的として怒っているお客様はほとんどいません。大抵のお客様は「怒っている」のではなく「困っている」のです。困惑していると言い換えるとわかりやすいでしょうか。自分がイメージしているサービスの状態とあまりに違っているので困惑して、そのサービスの穴が修復されないから、困惑が怒りに変わるのです。

謝罪の後は〈共感〉です。

お客様の発言にしっかりと耳を傾け、必要であればメモを取るなどして、一語も聞き漏らさないぞ、といった姿勢を見せてさしあげてください。人は認められると落ち着きます。「私はあなたのおっしゃっていることに十分に共感できます。私があなたの立場だったらきっと同じことをすると思います」。そのような姿勢を見せられれば、人は受け入れられたと感じるでしょう。

火山の噴火が収まったら次の〈提案〉のプロセスに進みます。怒りをしずめても、何らかの解決策が提示されなければ人は納得しません。

ここではどんな提案ができるでしょうか。お客様の言葉がヒントになります。「あんたたち、ここはファミリーレストランじゃないのよ。ホテルのカフェよ、わかっているの」。このようにおっしゃっていました。これをそのまま使わせてもらうのです。「お客様、私からのご提案と言いましょうか、お願いなのですが、先ほどお客様がおっしゃってくださった『ここはファミリーレストランじゃないのよ。ホテルのカフェよ』とのご助言ですが、私もまったくその通りだと思いました。それで、ホテルとして恥ずかしくないように、今すぐすべてのテーブルを回らせていただいて、お詫び方々事情の説明に伺いたいと思うのですが、いかがでしょうか」と提案するのです。するとこのお客様はきっとこう言うでしょう。

「わかればいいのよ、早く行きなさいよ」

そう口にしてもらえばしめたもの。最後、四つ目のプロセス〈感謝〉です。

「お客様、重ね重ねありがとうございます。私たちは急病の方がいらっしゃったために慌ててしまい、他でおくつろぎのお客様に十分なご説明もできず、恥ずかしい思いをするところでした。ところがお客様が私たちのことを想ってくださり、わざわざおっしゃってくださったのでホテルとして恥をかかずに済みました。本当に何とお礼を言って良いかわかりません。次回お出でくださった時も何か気がついたことがありましたら、私を呼び出していただいても結構ですし、他の者でも構いませんので、ぜひご助言いただければうれしく思います。これからもどうぞよろしくご指導ください。本当にありがとうございました」

このような感謝の気持ちを口にするのは嫌ですか。私はこれが本心で言えてこそ、サービスのプロだと思います。

このモンスターのような中年女性も、もともと混乱を起こしたくてコーヒーショップに足を運んだのではなく、楽しい時間を過ごしたいと思って来ていたはずです。勘違いや思い過ごしやその他の要因はあったにせよ、このお客様がトラブルの大本ではないのです。そんなお客様を不用意に怒らせてしまい、対応を誤って、捨てぜりふを残して帰らせたことの損失は計り知れません。このお客様は二度とこのコーヒーショップに戻って来ることはできないでしょう。私だったら無理です。絶対に戻れないと思います。

クレーム対策について書かれた本を熟読してお客様の心理を研究するのはとても良いことだと思います。ただ、注意をしていただきたいのは、明らかに悪質な、物事を混乱させることを主たる目的にしている本物のクレーマーと、何事もなければ楽しんでお店を出て行ってくれたであろうお客様とでは、事情が異なるという点です。自分たちの本質的なミスをお客様のせいにしてはいけません。

大切なことは、クレーマーを撃退するような方法でクレームに対峙するのではなく、目の前でお怒りになっているお客様と正面から向き合うことです。そして、「このクレーム対応の目指すゴールはどこだろう。どうなったら対応は100点と言えるのだろう」と考えることです。

目指すゴールはただひとつ。このお客様が再び笑顔で戻って来てくださる状態です。100点の対応とは、お客様が最後に「今日は言って良かった」と心から口にしてくださっている状態です。

私たちは客商売です。前提条件として、お客様を悪者扱いするのはやめましょう。

プロコンリストを活用しよう

多くの経営者は部下の報告を聞いて、なんとなく直感で結論を出してしまいます。それでも会社を揺るがす大失敗になることは多くないので見過ごされがちですが、コンピュータならぬ〝感ピューター〟で経営判断されたのでは、社員はたまったものではありません。

そこで活用したいのが「プロコンリスト」。あるとき、小宮コンサルタンツの小宮一慶《こみやかずよし》さんの本を読ませていただき教わった概念です。

「プロ・コン」とは「良い・悪い」の意味で、プロコンリストは異なる判断をしたときに起きるそれぞれの「良い現象」と「悪い現象」を一覧にするのです。

メモ程度のもので構いません。小宮さんは紙に書き出し、課題を「見える化」して検討することを勧めています。

たとえば当社の事例では、お客様からご依頼をいただいて準備を進めていた「イギリス湖水地方」への旅。

大きな火山噴火のニュースがテレビをにぎわせた後、噴火は収束に向かったようで、報道もほとんど聞かれなくなりました。お客様はもちろん旅を楽しみにされています。そんな中でたまたまインターネットのニュースで見つけた「ロンドン・ヒースロー空港閉鎖」の文字。クリックしてみると、火山はその後も断続的に噴火してヒースロー空港が閉鎖になったとの小さな記事でした。

私はイギリスの現地旅行会社に問い合わせ、他の国際空港の状況なども調べました。ロンドンからの返答は「現在こちらは快晴、日常生活はまったく何事もなかったかのように続いているし、その後空港閉鎖もない。ただし自然現象のことなので、これぱかりは何とも言えない」とのことでした。

このようなケースで私はプロコンリストを作ることにしています。

旅を強行する場合、「良い」の部分には「お客様が予定通り楽しみにしていた旅行に行ける」「イギリスへの旅行実績を作れる」「売り上げが予定通り上がる」「現地旅行会社にも顔が立つ」「手配に汗したスタッフが報われる」などを正直に書き出します。
「悪い」の部分には「出発直前に突然の噴火で旅行が中止になるおそれがある」「出発できても現地滞在中に噴火が起きると足止めされ、帰国できなくなるおそれがある」「その場合、滞在費用がお客様のご負担になる」「薬をのんでいるお客様は現地で薬が足りなくなる」「ご家族が心配される」「キャンセル料の負担リスクがある」などを書き出しました。

ここでどう判断するかですが、小宮さんは「自分なりの判断基準を持つと良い」と指導してくださいました。自分なりの判断基準とはモノサシとなるものです。収益に与えるインパクト、お客様が受ける影響、信頼、あるいは安全などです。

この旅行を中止することで当社は数百万円の売り上げを失うことになります。収益に与えるインパクトを重視するのであれば、「99・99パーセントはまあ大丈夫でしょう。何かあったらそのときはそのときだ」という判断も可能です。おそらくは高い確率で「何もない」のですから。

しかし私は「お客様の安全・安心」を最優先することにしました。旅行取りやめを電話で伝える社員は本当にいやな仕事をすることになりますし、手配努力はすべて水の泡。会社には1円の売り上げも残りません。それでも万が一、本当に万が一、火山が噴火したときに「お客様が帰れなくなる」事態だけは避けたかったのです。ご高齢のお客様が空港に寝泊りするような事態は絶対にあってはいけませんし、ご家族の心配を考えると無理をしてまで出かけるべきではないとの結論に達しました。

これはプロコンリストを使って社員と一緒に考えた結論です。

結果的には本来、私たちが旅する予定だった日程の間、火山が噴火することはありませんでした。それでも私はプロコンリストを使ってお客様の安全を最優先に考える経営判断を行ったことは正しかったと思っています。

会社を運営していると、さまざまな場面で「判断」をしなければならないことがたくさんあります。そんなときはぜひ、広告やミスコピーの裏紙などで良いので「よし、プロコン作ってみよう」とやってみてください。

プロコンリストを作るメリット。

①脳みその中にあるさまざまな考えを紙に書いて見える状態にすることで、整理整頓ができる。

②社内やチームの意思統一が図れるので「聞いていない、知らない、関係ない」という発言が出なくなる。

③お客様に「なぜ、その決定を行ったか」の説明がしやすい。

④正しい判断ができる可能性が高くなる。

そして、正しく判断するクセをつけられるようになる。

値引きなどを検討するときもプロコンリストを作ってみてください。リスト作りに複数の人を参加させることにより、結果的に値引きを実施するにせよ止めるにせよ、社内の納得と同意が得られやすくなります。

ものごとには必ず両方の側面があり、絶対ということはありません。だからこそ判断の基準を持つことは大切です。普段から小さな練習を重ねることで「自分たちにとって本当に大切なことは何か」がわかるようになります。

ちなみに当社が判断の基準にしていることは、①お客様の安全、②お客様の安心感、③得られる信頼、④社員の働きやすさなどで、これらを優先的な事項としています。

安全とコストとどちらが大切かといった議論になったときに、基準さえあればコスト削減を優先することなどあり得ないわけです。

コスト削減を優先させて本当に大切なものを失ってしまった会社はたくさんあります。利益が十分に出ている企業や、一部上場企業などの大企業ですら重大な判断を誤ることがあるのですから、小さな会社においてプロコンリストは必須です。

コラム

売れる旅行と良い旅行

私が敬愛する不動産調査会社さくら事務所の創業者、長嶋修さん。

ある日の長嶋さんのブログにはこう書かれていました。

私たち不動産の専門家から見て、〝売れるマンション〟と〝いいマンション〟は必ずしもイコールではありません。むしろ、ここ数年どんどん両者が離れていってます。このことは何も、不動産業界に限ったことではありません。例えば〝売れる本〟と〝いい本〟はゼンゼンイコールではないし、〝視聴率の高いTV番組〟と〝いいTV番組〟も違います。（中略）

どうしてこのようなことになってしまったのか。答えはカンタンです。今を生きる私たちが「相対比較感」ばかり気にしているからです。自分に自信がない。

何かの行動を起こすにしても、自分の中に確たる根拠がない。だから、みなが選ぶものを選び、みなが買うものを買うのです。

（長嶋さんのブログ　http://ameblo.jp/03630912/）

旅行業界もまったく同じです。〝売れる旅行〟と〝いい旅行〟は今、信じられないほどかけ離れています。まだ私の仲間が頑張って働いているので、大手旅行代理店の悪口になるようなことは言いたくありませんが、社員が徹夜してつくった「売れる商品」の結果は「大量のクレーム」です。食事がまずかった、ホテルが汚かった、中心部から離れていた、観光地が駆け足で、お土産物屋ばかり連れて行かれた、ガイドが半強制の車内販売をする。仕方ないです、安いのですから。

旅行という「商品」は他のサービスに比べると、違いがわかりにくいのです。たとえば「ハワイ6日間」は、何を比較して、その購入を検討すれば良いか、素人の目にはほとんど判別ができません。もちろん何航空を使うとか、ホテルが海側とか、表面的なことはパンフレットに書かれています。それでも、免税店に寄らないとホテルには連れて行ってあげません、とか、バスは他のお客様と混乗ですから空港からホテルまで直行で行けば15分のところ実際には1時間以上かかります、とか、ホテルは地元の人もあまり行かない夜は真っ暗な場所にあります、といった情報は意図的に伝えられません。

旅行商品を選ぶ基本は、

・安全であること
・本人が意図しない無駄がないこと
・体への負担が少ないこと
・快適であること
・リスクが少ないこと
・ウソや偽りのない情報が開示されていること

ではないでしょうか。

消費者の側は「そんなことは当たり前」だと、販売側を信頼してツアーを買っているはずです。だからこそ、その信頼を裏切らないように、プロの側が誇りを持って仕事をしてほしい。そう切に願います。これは旅行に限らず、不動産業界でも食品業界でも同じです。

志を持つ人、本当にお客様想いの人たちが、社会の中で報われるためには、消費者の側の意識が重要です。

以前あった餃子問題で「においがおかしい」「ベタベタする」「何となくおかしい」といった〝五感〟が最後は自分の身を守ったという話を聞くとほっとします。もっと自分の五感を信じて「これっておかしいのでは?」と思う気持ちを大事にしてほしいのです。

真面目にサービスを提供している人。テクニックや表面的なノウハウを駆使している人。この違いを五感で見分ける力を、あなたは持っています。

第 4 章

リーダー

志が組織を変える

マニュアルを正しく浸透させる

講演やセミナーを開催すると質疑応答コーナーで聞かれることがあります。

「高萩さんはマニュアルをどう思われますか」と。

あったほうが良いと思います。「マニュアルの意味はサービスの均質化です」とお答えします。サービスが今日は２００点、明日は30点、人によってバラバラでは、業として成り立ちません。

マニュアルの弊害を語る方がいますが、存在そのものが悪いのではなく、マニュアルに頼って思考が止まっていることが問題なのです。指導を受ける側が非難されることも多々ありますが、指導する側がマニュアルの背景や意味を教えないことこそが問題です。

航空会社に電話で搭乗を予約する際、こんな会話をすることがあります。

私　「お客様は車椅子を利用されていますので、空港での手配をお願いします」
予約担当「お客様が車椅子を使われている理由を教えてください」
私　「車椅子を使う理由？　足が悪いからですが」
予約担当「いえ、そうではなくて障害名を教えてください。それから事故か病気かもお知らせください」
私　「飛行機に乗るのにどうして障害名が必要なのでしょうか。それからどうして事故か病気かを言う必要があるのか理解できないのですが。飛行機に乗るのに申告が必要なのですか？」

このようなやりとりをある年3回することになりました。担当者はそれぞれ別の人です。3人とも「少々お待ちください」と電話を保留にし、それから言いました。

「当社のマニュアルにそれを聞くように書かれています」

毎回まったく同じ答えだったので、私は笑ってしまいました。3回目には「前回も同じことを言われたのですが、なぜそんなことを言わなくてはいけないのかとお客様に聞かれたときは『マニュアルにそう書いてあります』と答えなさいとマニュアルに書いてあるのですか？」とつっこんでしまいました。

さらに私が「事故か病気かなんて、基本的に飛行機に乗る際の必要事項とは思えないのですが、申告しないと飛行機には乗せてもらえないのですか」と切り込むと、長い時間、電話を保留にされた揚げ句「ただいま上司と相談しましたが、今回に限り聞かなくても良いとのことです」と、これまた複数回同じことを言われました。「絡まれたら面倒だから聞かなくても良い」とマニュアルに書いてあるのでしょうか。

事故防止や品質管理に関するマニュアルはその意味を社員が共有しやすいものです。20年以上前、私が鉄道会社に勤務していたころ、ほぼすべての業務がマニュアルで決められており、個人的な裁量をさしはさむ余地はありませんでした。たとえば事故対策マニュアル。そこには人命救助、二重事故の予防、乗客への説明といった事項が明示されていました。事故が発生した際にどのような手順で行動するかが収められており、それに従って無意識のうちに動けるよう、徹底した訓練が繰り返されました。

運輸、建設、警察など、人の命にかかわって失敗が許されない業界では、マニュアルの是非を議論することすらないはずです。マニュアルがない状態など考えられません。

サービスに関するマニュアルも、それを規定する側には必ず意図があるはずです。先ほどの航空会社において、車椅子を利用するお客様への対応がマニュアルで定められているのは、定めることに重大な意味があるからです。その根拠と意味をすべての社員が共有し、お客様に説明することが必要になります。

後から聞いたところ、この会社が障害の理由を聞くのは「事前に空港や乗務員に情報を詳細に伝えることで、受け入れ準備を可能な限り綿密に行うため」とのことでした。その意図が予約センターに浸透していないことが問題です。サービスの質を高めるために必要な情報なら、胸を張ってお客様にそう説明すれば良いだけです。

もう少しマニュアルについて考察してみます。

コンビニの店員さんの「いらっしゃいませー」「ありがとやんしたー」という挨拶はマニュアルにあるから行われているのでしょう。しかし、あれを耳にして「さすがこのお店は教育が行き届いている」「今日も朝から気持ちがいいなあ」などと思ったことはありますか。これっぽっちも心がこもっていません。あの挨拶に意味はあるのでしょうか。

そんな疑問を持ちながら先日、近所の本屋さんに行きました。入るとすぐ左側にレジがあります。そこにいる店員さんと一瞬目が合ったので私は軽く会釈をしましたが、店員さんは「いらっしゃいませ」でも「こんにちは」でもなく無視、でした。特に買いたい本が見つからず手ぶらでお店を出たのですが、店員さんは私が目の前を通過するのを再び無視しました。無視されると辛いです。

私は「そうか、コンビニの挨拶には十分な意味があるのだ」と理解しました。心がこもっていることが大切なのではなく、「私（お店側）はあなたが入店した事実を確認、理解しました」という人工音声的なサインなのだと。

駅の改札口やブティックでの挨拶も、心をこめてすべきという日本的道徳観からは大きく外れていますが、見方を変えればその意義を見出せます。

これはやめた方が良いと思うマニュアルもあります。

居酒屋で「いらっしゃいませ、当店のクーポンなどはお持ちですか」と最初に聞く。あれはいただけません。クーポンを持参しなかったお客様は「え、クーポン。そんなのあるんだ」と入店早々損をした気分になるからです。後で会計の時になって出されると精算が面倒だから最初に聞くのでしょう。でもこれでは「自分たち都合」でサービスを提供しているることを宣言しているようなものです。

マニュアルは100パーセントお客様の幸せのために存在するべきです。

これを読んで腹を立てられた方は「お客様を心の底からは信用していない」のだと思います。万引きやモンスタークレーマーなどの対応に苦慮されているのでしょう。しかし、悪質客はサービスの観点ではなくリスク管理の観点で対策を打つようにしてください。

サービスを考える時は性善説に立った方が物事はうまくいきます。お客様は「自分のことを信用してくれているお店や会社から買いたい」と思っています。「うちは基本的に客のことを信用していないからな。客なんてロクなやつはいない」。そんなオーラがにじみ出たところで買いたいとは本能的に思えないのです。

性善説か性悪説か。どちらが正しいと断定はできません。両方のバランスを上手にとりながらマニュアルを作り、それをスタッフに背景から浸透させて、お客様のために生かしてほしいと願います。

何かあってからでは遅い

リスク管理はサービスを語る上では欠かせません。特に組織のリーダーは、最悪の状況になった時、被るであろう損害を読みながら仕事をするクセをつけましょう。

私が18歳で上京して最初に就いた職業は私鉄の駅員です。まだ自動改札のない時代でしたから、改札口で手にハサミを持ってカチャカチャと切符を切っていました。

駅員の仕事は多岐に渡ります。窓口での切符販売に始まり、改札口での切符切りや乗り越し精算、ラッシュ時の乗客誘導（ドアから溢れた乗客の背中やお尻を押すあれです）、忘れ物の捜索（ものすごい数です）、ケンカの仲裁、酒に酔ったお客様の介抱、汚物処理、そして事故への対応など。24時間が目まぐるしく過ぎていきました。

私が勤務していた当時、駅構内は喫煙ができ、ホームや線路にはタバコの吸殻が大量に投げ捨てられていました。線路に捨てられた吸殻は深夜、電車の本数が少なくなってから、ふたり一組で清掃します。これは常に新入社員の仕事で、午前0時を過ぎると出掛けることになっていました。

ある日、私はいつものように同期とふたりで清掃に出掛けました。どちらからともなく「今日は上下線ホームを別々に掃除しよう」ということになり、途中から分かれて掃除を済ませ事務所に戻りました。すると主任が「お前ら、今、別々に分かれて掃除をしただろう」と私が座っていた椅子を蹴り飛ばし、「バカ野郎、手順通りにやらないと電車にはねられて死ぬぞ！」と大声で怒鳴りました。あの時の光景は鮮明に覚えています。主任の鬼の形相は一生忘れることはないでしょう。

ホームの清掃など、一見なんでもない単純作業に見えます。しかし潜むリスクは単純ではありません。ひとりが線路内のゴミを拾っているとき、もうひとりは列車が来ないか監視するのです。この主任は私にリスク管理とは何かを教えてくれた恩人です。

後から「あのときの判断は間違いでした」では許されません。そのためにマニュアルが膨大かつ詳細に定められていて、駅員は時間とコストをかけてそのマニュアルを学びます。私たちが徹底的に教え込まれたリスク管理の考え方には「人は間違いを犯す」という前提がありました。人間はミスをします。そのミスを限りなくゼロに近づけ、危険をさまざまな方法で回避していくのです。

日々、普通に仕事をしていれば大抵は何も起きません。しかし、リスク管理の観点からは「何かあってからでは遅い」と考え、準備をします。

場面を旅行に切り替えます。

北海道の大雪山系で登山ツアー客が悪天候に遭遇した痛ましい事故が一時、大きく報道されました。ガイドの判断ミスが問われましたが、こういった事故はガイド個人の資質をうんぬんする問題ではありません。経営者レベルのリスクに対する意識の問題です。

当社では、お客様からのご依頼を受けブータンへの旅をコーディネートさせていただきました。天候その他の事由によって予定通りに帰国できないことは海外旅行では常に想定されますが、国によってリスクの度合いは異なります。ブータンはリスクが高いと考え、お客様に「帰国予定日の翌日には重要な予定はお入れにならないようお願いします」とお伝えしました。リスクを予め伝えるのはお客様への親切です。過度に恐怖心をあおるのは考えものですが、小さなことでもしっかりと伝えるよう心がけたいものです。

当社は小さな会社ですが、創業のころから顧問弁護士さんの助言を頂いています。弁護士さんは言います。「弁護士は何かが起きてから声をかけても遅いんですよ。お客様と訴訟になったら勝っても負けても和解になっても、傷ついた信頼は取り戻せません。大きい会社なら体力があるからいいでしょうけれど、小さな会社は社長が自ら汗をかいて売り上げを確保しているのが現実でしょう。その社長が裁判に時間をとられていたのでは売り上げどころではなくなるんです。だから弁護士は『法律的なもめ事が起こらなくて済むように、予めどうすれば良いか』経営の考え方を指導するべきなのです。ただし、弁護士に経営の能力はないと思います。弁護士の言う通りに経営したら会社は潰れますよ。弁護士は最悪の状態を迎えたときに会社がどうなるか、信用がどうなるかを、判例などを基に助言します。それを受けて経営者はどう考えるか、どう判断して経営に生かすか、自分の頭で考えるクセをつけてほしいのです」。

こんな素晴らしい助言者に恵まれた私は本当に幸せです。

どんなに些細なことでも「ちょっと嫌な」ニオイがするような出来事は法律事務所に持ち込んで先生と一緒に議論します。たとえば、知らない人から不快なメールが来たこと、お客様が旅行中に転んでケガをされたことなどを、法曹家の観点から見ていただきます。そして、助言を受けて「経営者としてどう考えるか」判断するクセをつけています。こういった訓練を重ねることにより「本当に大切なこと」が理解できるようになります。

私はこの10年の間に、最大限被る損害のリスクを考えて、スキのない経営をするようになりました。そして、残念ながらこの世は善意の人ばかりではないので、自分や会社を守るために必要な経営者としての覚悟と構えをするようになりました。

小さな段差にお客様がつまずく様子を見て「これはまずい」と考えるのもリスク管理です。「どうしてこの状態を放置しておくのだろう。リスクに対する意識が低すぎる」と感じることが世の中にはたくさんあります。

また、お客様からクレームやご意見を頂いたときに、その声に潜むサービス上、経営上のリスクをかぎ取るセンスも必要です。クレームを単なる面倒なことと忌み嫌っているようではリスク管理はできません。

しつこいようですが何か起きてからでは遅いのです。

あなたの会社やお店で絶対に火事を起こさない自信はありますか。非常時の避難誘導訓練は法律で決まっているから仕方なくやっているのではないですか。何かあったときにはどんなことがあっても全員を助けようと心に誓っていますか。

手はちゃんと洗いましたか、本当に爪の間まで洗いましたか。その習慣は後輩に伝承されていますか。指差し確認はできていますか。小学生に笑われそうな「忘れないため」の確認を今日も明日も明後日も続けていけそうですか。

小さな事故は起きていませんか。転ぶ、よろける、つまずく。お客様も働いている人も大丈夫ですか。滑りませんか。椅子やテーブルがささくれ立っていませんか。挨拶はできていますか。トイレはキレイですか。

見過ごされがちな「なんとなく気持ち悪いこと」を一気に解消しましょう。リスク管理は「なんとなくいやなこと」を先送りしない意識づけから始まります。

理想と現実

私は旅行業界各社からも講演やセミナーのご依頼を頂くことがあります。育ててもらった業界への恩返しになるならと喜んでお引き受けしています。

あるとき、大手旅行代理店の管理職向けの講演に招かれ、「旅行業の本来あるべき姿はお客様の人生に寄り添うこと。お客様は実際には何を望んでいるのか、そのことに真剣に向き合ってこそお客様に支持される」という趣旨のお話をさせていただきました。

業界の先輩たちに向けて生意気だったのかもしれません。講演後のアンケートには「講師が言っていることは単なる理想にすぎない」「理想では飯は食えない」などさんざんでした。私の伝え方がつたなかったのだろうと反省したのですが、先輩方の心の疲弊も伝わってきました。

別の会社に勤める大先輩が解説してくれました。

「その支店長さんたちはね、若い頃、理想を胸に入社してきた。そして頑張ってきたのだけれど、現実には数字、数字、ノルマ、ノルマで追い詰められる毎日。管理職になってさらに締めつけが厳しくなり、精神的に追い詰められている中で高萩さんの理想論を聞いて『何を寝言、言ってるんだ』と感情が爆発したのかもしれないね。理想を現実に落とし込んで仕事をしている高萩さんがうらやましくて嫉妬しているという見方もできるね」と。

サラリーマン時代、事業部長に「高萩、いいか、旅行の仕事にロマンがなくなったら終わりだ。ロマンがないなら旅行の仕事なんかやめてしまえ。旅はロマンだ。その理想をしっかりと現実につなげていくのがプロの仕事なんだ」と言われたことを今でも覚えています。理想と現実は対立するものではない。目指すゴールが同じところにあれば、それは相容れないものではないと言われました。

「理想と現実のベクトルを合わせる」ことを、私はこの10年模索してきました。今では理想と現実は同じベクトルの上に両立するのだという確信があります。

理想と現実が両立していないならば、現実にため息をつく前にやることがあります。

まず、あなたが考える理想を疑ってかかることです。

その理想は本当に「お客様にとって」の理想でしょうか。私は「理想を高く持っている」と口にするけれど、まったく事業がうまくいっていない人を何人も知っています。この方々に共通しているのは「それは理想じゃなくて、あなたのひとりよがりな絵空事」だと思えてしまうことです。「理想」と言われると、誰も否定できません。でも、その理想に何票の賛成票が入っているでしょうか。そこを確認してください。意外とまわりには賛同者がいないのではありませんか。理想が「お客様にとって」本当に望ましい姿であることが大前提です。

そして、現実の確認です。

「理想では飯が食えない」とアンケートに書いた方に私は聞きたいのです。「では、現実に飯は十分に食えていますか」と。理想を批判するのは簡単ですが、今のやり方でビジネスが上手くいっていないなら、何か手を打つべきです。理想で飯は食えないけれど現実にも食えていないなら、その組織はすでに社会から必要とされていないのではないかと私は考えます。すべての会社には社会における存在意義があります。

必要としているお客様が存在するから、私たちの会社も社会に身を置かせてもらえているのです。


管理職の方々はお客様のところへもっと足を運んで「どうして数ある旅行会社の中から当社を使ってくれているのか」を聞いてみるべきです。「たまたま、今回は安かったから」とか「別に」と言う人もいるかもしれませんが、ほとんどのお客様はあなたの会社の強みを教えてくれるはずです。「営業の人、本当にこまめに足を運んでくれるよ」「このあいだ紹介してもらった旅館、良かったからまたお願いしたいと思った」「あなたの会社の人はみんな感じがいいねえ」などと。

これが現実です。売り上げ目標に到達しないのも厳しい現実ですが、お客様が実際にあなたの会社を好きと言ってくださっている。この現実に理想を合わせていくのです。

悲しいのは、自分が勤める会社が管理職研修という投資活動をやっているのに、そこから何かを学ぼうとするのではなく、「理想では飯は食えない」などと口にしてしまっている人がいることです。

私がお客様の立場だったら、そんな言葉を吐き捨てる支店長がまとめ上げている旅行代理店に自分の旅行を依頼しようとは思いません。管理者がそう思ってしまっている組織は、本当の意味でのお客様第一主義になど絶対になれません。コスト削減に励み、利益最優先になるでしょう。本音は隠していてもどこかで必ずお客様に伝わります。

お客様をなめてはいけません。お客様の五感のアンテナは研ぎ澄まされています。売り手の心を見抜く力を持っています。

私はこうも言われます。「それはあなたの会社が小さいからできること。うちの規模では無理」と。小さい会社がうらやましいと言われたら、私だって反論したくなります。

零細企業は知名度ゼロ、信用度ゼロ、宣伝広告費ゼロ、接待交際費ゼロです。

あるとき、先方から招かれて養護学校へ営業に行ったとき、先生に「あなたの会社が潰れないという証明を出してください」と言われました。「父母会で相談したら、聞いたこともない会社に頼んで何かあったら誰が責任を取るんだと言われたので今回は辞退してください」と、途中まで進んでいた仕事を辞退させられたこともあります。信用がないとはそういうことです。

私は学校の先生や父母会の方をまったく恨んではいません。逆の立場だったら私も同じことを言うと思うからです。大切な旅行を万が一にも失敗させるわけにはいきません。お金を振り込んだ後、姿を消されても困ります。会社の規模は信用の大きさです。信用があるから名刺一枚で誰もが会ってくれるのだということを、大手の管理職の方には再認識してほしいと思います。

当社には資本力も信用も実績もない。だからこそ、私はお客様に目指す理想を伝え続け、現実の話もしっかりとして「ベルテンポ党」という会社に、お客様からの一票を旅行代金というスタイルで頂いているのだと考えています。会社の売り上げは選挙における一票のようなものです。「おまえの会社の考え方に賛成だから一票」「あなたの考え方やサービスを応援しているから一票」。そんな形で売り上げを頂いているのです。

こう考えて仕事をしていれば、軸がぶれることがありません。お客様をごまかして必要以上に儲けようと姑息なことを考えたり、サービスの意識がお客様の方を向いていなかったりすると、次の一票が頂けない。すると会社は売り上げを落とし、最悪の場合は倒産に至ります。

世の中はとてつもないスピードで変化しています。お客様の価値観や意識、行動ものすごいスピードで変化します。その変化を敏感に感じ取り、変えていかなければならないこと、変えてはいけないことを見極めなければなりません。そして、お客様という有権者に訴えながらその都度、売り上げという信任投票を頂くことが大切です。

理想ばかりを語り現実には行動を起こさなくても選挙をうまくくぐり抜ける政治家はいるようですが、私たち商売人は４年や６年に一度ではなく24時間３６５日、常に信任を頂かないと社会に身を置かせてはもらえないのです。だからこそお客様と一緒に理想を語り、それを現実に調和させていく能力が求められます。

この能力が高ければ高いほど一票の価値が大きくなります。選挙では票の格差は憲法違反とされますが、サービスの世界では理想と現実の調和を高い能力でこなせる人は大きな一票、つまり大きな売り上げが頂けるということでもあります。

そう考えるとプロとしてのやりがいを感じませんか。ため息をついている場合ではありません。同業他社がため息をついて思考停止している今こそがチャンスです。リーダー、お客様があなたの活躍を待っています。

サッカーに学ぶベクトル

ワールドカップ・サッカー日本代表チームの試合を観ていてすばらしいと感じるのは、いつもは宿敵であるはずの選手たちが、日本代表では同じチームで組んでいること。そして、短期間の合宿で見事なチームプレーができていることです。サッカーはスターがひとりいても勝てません。サッカーに詳しくはありませんが、私なりに分析をして以下の4点が見えてきました。

【1】ベクトルが合っている：チームの目標、目的が明確。
【2】役割が明らか：ポジションごとに何をやるべきかが相互に理解できている。
【3】プロ意識が強い：言い訳や不満はプロとしてあり得ない。
【4】全体でチームが成り立っている：ピッチ以外の人も役割を果たしている。

まず、サッカー日本代表には明確な目標と目的があります。目標と目的の違い。これも小宮一慶さんの受け売りで恐縮ですが、目標は短期的なもの、目的は目標達成を繰り返した先にあるゴールのようなものだそうです。サッカーの場合は、目の前の一試合に勝つのが目標、サッカーファンを増やすとか日本に勇気と元気を贈るとかいったことが目的になるでしょうか。これらの目標や目的を共有していない人はチームにはひとりもいません。

次にサッカーの場合、各ポジションにおける役割が明らかです。フォワードは何をする人か、ゴールキーパーは何をする人か、全員で合意できています。それぞれが自分の持ち場で最高のパフォーマンスをしようと最善を尽くします。

プロ意識についてはあらためて言うまでもありません。試合に負けたことを人のせいにしたり、環境への不満を口にしたり、ましてやチームメートの悪口を言ったりすることはプロの誇りが許さないでしょう。

最後の「全体でチームが成り立っている」もサッカーでは顕著に現れています。ピッチには11人が立ちますが、この11人だけでサッカーをやっているわけではありません。監督、コーチ、控えの選手やスポーツトレーナーのようなスタッフはもちろん、サポーターと呼ばれるファンもチームには大きな存在です。まさに全員で試合をしています。私はファンをサポーターと名づけた人のセンスは賞賛に値すると思います。選手をスタンドからサポートしているのは事実です。

これらの要素をサービス提供の現場に当てはめるとどうなるでしょう。

【1】ベクトルが合っている：チームの目標、目的が明確。

お店にしても会社にしても、そこでサービスを受けていて心地よいと感じる場合は、スタッフの「サービスのベクトル」がしっかりと合っています。経営者（チームリーダー）が口を酸っぱくして言い続けるベクトルが全員に浸透しているのです。自分たちはどこへ向かっているのか、何のために会社をやっているのか、目標はどこにあって、その先、どんな目的に向かって歩みを進めているのかを明確にできている会社は大丈夫です。

一方で、経営者が志も持たず、経費を私的流用しているような会社は最悪です。また、たいしたビジョンも示せず場当たり的にガミガミと指導するだけの経営者が運営している会社は、ベクトルがバラバラなのでサービスが均質化されておらず、空中分解の様相を呈していることもあります。これはスタッフの責任ではありません。100パーセント経営者の問題です。

【2】役割が明らか：ポジションごとに何をやるべきかが相互に理解できている。

社員が「自分は何をしたら良いのか」がわからない会社なんてあり得ないです。しかし、意外と見落とされがちなのは「他の人は何をやっているのか」「それが自分の仕事とどうかかわっているのか」です。それほど大きな会社ではなくても、「隣は何をする人ぞ」の状態になることはけっこうあります。

工場業務に携わる人と営業担当者が、相互に何をやっていて、それらがどうつながってサービスが完成しているのかを知らないことがあります。これはサービスのあり方としては間違っています。「担当がいないのでわかりません」「よその部署のことはここでは把握できかねます」などと対応しているならば注意信号です。

ある会社を訪問したときのことです。受付は無人で電話機が一台置かれていました。私は社長さんに用事があったのですが、内線番号案内に「社長室」はありません。「どこへかけて良いかがわからない方は内線○番へおかけください」と書いてあるのを見つけ、その番号へかけると女性が出ました。社長とアポイントがある旨、伝えるとその女性はこう言ったのです。「社長でしたら○階の○○部にいると思いますので内線○○番におかけ直しいただけますでしょうか」。正しい番号を教えるからかけ直せと言うのです。彼女は自分のポジションも役割も理解できていません。これは会社がポジションをきちんと教えていないからです。

その後、この会社を何度か訪問していますが、毎回コントのように同じことを繰り返しています。社長さんに直接言ってあげるのが親切かなあ、と思いながら、そのタイミングを計り続けています。

【3】プロ意識が強い：言い訳や不満はプロとしてあり得ない。

最近、さまざまなサービスを受けていて気になるのは、プロ意識の欠如です。社員やアルバイトになかなか優秀な人材を採用できず大変だという話はあちこちで聞きますが、プロ意識は予め持っているものではありません。私のように先輩に蹴飛ばされながら体で覚えていくものです。もしくは、先輩が強い志を示し後輩の内面に訴えかけて、人間が本来持っている力が湧き出てくるようにするものです。

若い社員やアルバイトさん、パートさんにプロ意識がないと嘆く人ほど、その人自身、あるいはその会社や業界全体に誇りが存在していないのではないかと思います。プロ意識はプロの下にしか生まれません。誇り高き職人の下に誇りあるプロが育ちます。

ほっとする話をひとつ。

九州のＤＶＤレンタルショップさんにサービスの実態調査でお邪魔したときのことです。いくつかの店舗をまわり、現場で働く人の声を聞きました。あるお店にいたのは女子高生のアルバイト。私は「仕事をしていていやなこと、残念に思うことは何ですか」「仕事をしていてうれしいと感じることは何ですか」という質問をしました。16歳の彼女はこう答えました。「いやなこと、残念なことは、お店に入ってこられた方が店内を一周して何も買わないでお店を出て行くことです」「うれしいのは、お店に入った方が自分が作ったＰＯＰの前に立ち止まって、商品を手に取ってレジに来てくれることです」。彼女は接客のプロだと思いました。16歳で自分の役割がしっかりと理解できていて、シンプルに説明できるのです。

この後も彼女は自分がどのようにＰＯＰを工夫しているかという話や、新作を頑張って観て、お客様から聞かれたことにしっかりと答えられるように努力しているという話を聞かせてくれました。「自分が観ていないものはおすすめできないですから」と時給６００円台のアルバイトさんが言うのです。すばらしいではありませんか。

サービスのベクトルを合わせるために大切なのは、雇用形態でもなければ時給でもありません。スタッフがプロ意識をしっかりと持てるように環境を整えてあげてください。誇りが持てる環境を、です。

【4】全体でチームが成り立っている：ピッチ以外の人も役割を果たしている。

サービスの世界に裏方はいないというのが私の持論です。サービスには裏や表はありません。現場ではお客様から直接見える場所とそうでない場所は存在しますが、どちらが重要、どちらが軽いと比較できるものではありません。

スタッフが仲間への尊敬の気持ちを持てる組織は強いです。セクショナリズムが出てしまっている組織には、人を思いやる風土がありません。自己保身に走る人が最初にすることは、他部署や他人の批判です。こういった体質を温存してしまっている組織のサービスには、必ずどこかにほころびがあります。大切なのは仲間を尊敬し思いやる気持ちです。

光を浴びにくいセクション、お客様と接するチャンスの少ないセクションで働いている人には格段の配慮をしてあげてください。地味で目立たない仕事を愚直にこなしてくれる仲間がいるからこそ、チーム全体としてのサービスが成り立っているのです。

人に向き合う

サービス提供者は実際には驚くほどお客様に関心がない、と感じることがあります。なぜ無関心なのでしょうか。

「自分が旅行好き」なのと「お客様のお世話が好き」なのは違うからです。「車が好き」と「車に乗ってもらえる喜びを感じるのが好き」は違うからです。自分がスタートラインだと、サービスを提供するにはとても危険です。私の夢、やりたいことがベースになっていると、お客様に関心がなくて当然です。

売れないミュージシャンが自分の音楽を追求するのは自由ですが、食えていないなら、それはプロではありません。3畳一間風呂なしで「このままじゃ終わらない」と歯を食いしばっていれば、いつか芽が出る可能性はあるでしょう。しかし、最近では親が経済的なめんどうを見て「一度だけの人生だから好きなことをやりなさい」などと言ってしまうため、引きこもりだかニートだかと変わらない夢追い人が増殖して、社会が迷惑している現実はあると思います。

自分と向き合えない人はお客様とも向き合えません。お客様にしっかりと向き合うことは、本当の意味で自分と向き合うことでもあるのです。

私は電車の車掌をやっていたころ、ラッシュ時に3000人のお客様を運ぶ電車の最後部に乗務しながら、その3000人の人生に関心を持っていました。このお客様は何時に自宅を出て来たのだろう。どこまで出勤するのだろう。夜は何時まで働いて、何時に家に帰るのだろう。家族は何人いるのだろう。今日はどんな会話を交わしたのだろう。

夜、終電が近くなって泥酔したお客様を介抱しながら、どうしてこんなになるまでお酒を飲まずにはいられないのだろう。クレームで激怒するお客様に胸ぐらをつかまれ、どうしてここまで怒らなければいけない人生を送っていらっしゃるのだろう。この人にも部下がいて家庭があって、素敵な奥様と子供がいて、家に帰れば良きお父さんだろうになあ、などと酔ったお客様に理由もなく殴られながら思っていました。

お客様に関心を持つのは能力の問題ではなく、心がけの問題です。特に都会で生活をしていると、密集した場所に多くの人がいるので防衛本能が働きます。自分の領域には入られたくないし、あなたの領域にも入らないという暗黙の了解があって、他人に無関心になるのです。悪気があるのではなく、無関心でないと生きていけないのかもしれません。こういう態度は都会に住む人間が無意識に身にまとう鎧のようなものかもしれません。

そんな中でも、ぜひ人に関心を持つように心がけてみましょう。
人に関心を持つクセをつけるとサービスが立体的になります。
「○○ありませんか」「品切れです」というやりとりは、平面的で広がりがありません。「○○ありませんか」と尋ね、それが手に入らずに帰って行くお客様の後ろ姿を見て、何を感じ取れるか。これは練習を重ねるしかありません。

何かを感じ取れるようになるにはセンスがいるのではないかと言われることがあります。センスは必要でしょう、おそらく。でもセンスが少し不足していても意識を向けることはできます。多くの人にはその習慣がないだけです。世の中には自分のことしか考えない人がいます。でも、それは性格の問題ではなく、今まで人に喜ばれた経験、人の役に立つ経験をしてこなかっただけではないかと感じることが多いのです。親から十分に褒められていない、会社でも上司から褒められていないのかもしれません。

お客様が喜ぶサービスを提供できないでいるスタッフを見ながら、個人の能力の問題だと切り捨てるのは簡単です。でもその前にできることがたくさんあるような気がします。

日本は少子化と言われていますが本当でしょうか。ショッピングモールでは多数のベビーカーが行き交っています。遊園地では子供たちが歓声をあげて走り回っています。

一方、地方の大規模病院へ行くと、高齢者が地域全体から動員されてきたのではないかと思うくらい集まっています。その高齢者の表情はどうでしょうか。人生の大先輩たちに、今この国に生きていることを十分に楽しんでもらえているでしょうか。

サービスを良くしようと直接的に努力することと併せて、社会が抱えている問題の本質や現状を自分の視点から把握することも、組織のリーダーには求められているのではないでしょうか。

コラム

臆病者になる勇気

羽田から北九州までＪＡＬ便を利用したときのこと。

岡山上空まで来て「北九州空港周辺、霧のため、現在は着陸できない状況」とのアナウンスがあり、その後、空港上空で周回を始めました。7～8周した後、機体は降下を開始しました。霧で窓の外は視界ゼロ。着陸直前に機首をぐっと上げて、着陸を取りやめました。その後さらに7～8周して、もう一度着陸を試みますが、結局諦めて福岡空港に代替着陸しました。

ため息が漏れる機内で、機長が安全を優先して「正しい判断」をしたことが評価されてほしいと思いました。着陸をやめる勇気は評価されるべきです。

このことをＪＡＬの知人に伝えたところ、こんな内容のメールを頂きました。

ＪＡＬの初代社長の松尾静磨《まつおしずま》が「臆病者と言われる勇気を持て」という言葉を残しています。安全というのは安全ではなくなって初めて認識されます。したがって、安全な状態が長くなればなるほど、過度の安全状態にあるのではないかという思いが出てきます。それが安全のために無駄な投資をしているのではないかという疑いになったり、もっとお客様の利便性を考えた方が良いのではないかというプレッシャーになったりします。

お客様にとっては安全であることが前提となっていますが、安全でなくならない限り安全の状態は認識できませんから、目に見えている目的地に着陸できないという事実の方が切実な問題となります。機長は決められたルールの中で安全を保ちつつ、目的地に到着するために最大限の努力をしています。高萩さんがおっしゃるように、この機長の判断を評価できるような文化が安全文化だと思いますし、その評価が難しいからこそ松尾社長の「臆病者と言われる勇気を持て」というようにトップコミットメントが必要なのだと思います。

世の中のサービスに関する認識が極めて「表面的な部分」に終始していることに、私は強い危機感を持っています。安いことがもてはやされ、見かけ倒しのサービスで消費者がちやほやされる。天候や自然災害が理由のサービス提供不能に対して激高する人々。天候は事業者の責任ではありません。激高する人が増えると、事業者が安全を優先する「臆病になる勇気」を持てなくなってしまうのではないか、それをとても恐れています。

たとえば現場の人間が「安全のため運行は見合わせましょう」と言ったとき、管理職が「馬鹿野郎、キャンセルでいくら赤字が出ると思っているんだ‼」と怒鳴りつけたとします。あなたは「安さ」を理由にその会社のサービスに飛び付きますか。

「本当に大切なことは何か」が見えにくくなっています。

サービスは、
経営者の理念で始まり、顧客が育て、
従業員の信念で継続されます。

サービスは顧客が育てなければ上質なものにはなりません。顧客の理解と支持があるから、サービスの質が保たれるのです。今の日本、なぜかこの部分がとても弱くなっています。

何か起きたときには目の前の現象（たとえばお客様が大声を出している、など）に振り回されるのではなくて、自社のサービスの軸をしっかりと説明すれば、多くの善良なお客様は理解してくれます。軸がないから振り回されてしまうのです。

あなたの会社には、サービスの文化を語り継ぐ「語り部」はいますか。そして「安全文化」は確立していますか。サービスは双方向です。サービス提供者とお客様の「本当に大切なこと」が完全に合致して、サービスは〝究極のサービス〟になるのです。

第 5 章

世の中

日本を見つめ直してみよう

最近の若い人は？

「最近の若い人は……」と元・最近の若い人はよく言います。20年前、30年前は私も言われていました。

時代は繰り返すのでしょうか。文字は紀元前3000年頃のエジプトで発明されたと言われていますが、考古学者がメソポタミアの文字を解読してみると、そこにも「最近の若いものは」と書かれていたそうです。

私は何か物事を考えるときには相手の意識に着目し「自分だったらこう思うだろうなあ」と推察するクセをつけています。100パーセント相手の気持ちになることなどできませんが、おしはかることはできます。それで、もし私が今の学生だったらおそらく「やってられない」と思うのです。

日本では正規雇用を行わない企業が増えました。たとえ運良く入社できたとしても、朝礼や会議では重苦しい雰囲気が漂い、尊敬すべき上司は苦虫をかみつぶしたように眉間にシワをよせています。こんな会社で課長、部長、支店長、役員、社長を目指す意欲がわくでしょうか。

私がよく知っている会社で聞いた話です。

派遣社員として勤務している若い人たちが、3年経過すると試験を受けて正社員に登用されるというシステムを活用しないのだそうです。「正社員になっても大変なことばかりなので、派遣のままでけっこうです」と。

苦しいことから逃げ出す根性のない若者ばかりだと非難するのは簡単です。でも、そんな社会をつくってしまったのは、若者の先輩である私たちです。

「やりたいことをやりなさい」「自己実現が大切」「夢を追いかけよう」などと無責任に若者をあおり、権利と義務の相関関係をしっかりと教えなかった世代の失敗とは言えないでしょうか。

昔と今の大きな違いは「目指す先輩」「尊敬できる上司」がいるかいないかです。

私が社会人1年生の時に勤務していた職場は大家族のようでした。頼れるオヤジや兄貴分、うるさい先輩、そして酒癖の悪い上司がいて、社会の縮図そのものにも見えました。

ある日突然、若い人の考え方がドライになったのではないと思います。彼らの価値観は、人生の諸先輩、つまり私たちがつくり出した社会を徐々に映し出していく鏡とは言えないでしょうか。

多くの企業は社員を終身雇用しないことでコストを抑え、株主利益を大きくしているようですから、引き換えに若い人たちの忠誠心を失っても文句は言えないはずです。

今の時代、職人さんたちは、誇りや技術を背中で教えてくれる先輩がいて幸せだと思います。仕事において本当に大切なことを教えてもらい、目指す姿を実現できるなら、こんな幸運なことはありません。

まじめに汗して働く若者は大勢います。彼らは本当にひたむきに努力しています。夢とか希望とか上滑りした言葉などなくても、毎日しっかり地に足をつけて働いています。そんな若者が光り輝く社会であってほしいと私は願っています。

中高年の方が今の若い人に言いたいことがたくさんあるのはわかります。でも、昔から言うじゃないですか。

「老いては子に従え」

それでは年寄りの出番がありませんか。大丈夫です。若い世代にはこう伝えています。

「オヤジの小言は聞け」

どちらも正しいのです。それが社会のあるべき姿です。

医療とサービス

「医療もサービスの時代だ。これからは患者様と呼ぼう」。そんな取り組みが医療機関でブームになったことがありました。

さすがに「患者様」の評判が良くなかったのか、意味がないことに気づいたのか、最近では下火になったようですが、昨日まで「〇〇さん、診察室にお入りくださーい」とやっていた病院で、いきなり「患者様、ご気分はいかがですか」と言われても「サービスが良くなったなあ」と思う人はいないはずです。

こんな妙な取り組みが始まってしまうのは、根本に「何かあったときに足もとをすくわれないように」という防衛本能があるからでしょう。リスク管理の観点から、悪意の人にスキを見せないために「できる限りのことをやっておく」考えは否定しません。

ただ、「患者様」と呼んでも、クレームをはじめとした諸問題は解決してはいないはずです。患者側が本来望んでいることと提供されているサービスがそもそもずれています。

私は医療機関のサービスが良い評価をされないのは、患者の意識にも問題があると考えています。

中には尊敬できない医者もいるでしょうが、大多数のお医者さんは身も心もボロボロになりながら日々奮闘しています。家族で旅行に行けるのは年末年始やお盆くらい。それも開業医に限った話で、入院病棟を担当していれば無理です。産婦人科の先生などは、いつ余暇活動をしているのでしょう。「急患で深夜でも呼び出される可能性があるから、お酒は好きだけれど絶対に飲まない」と言うお医者さんもいます。社会のために人生を捧げている人たちに私たちがすべきことは、批判ではなく尊敬と感謝だと考えます。

「診察室の先生の椅子は立派なのに、なぜ患者の椅子はクルクル回る丸い椅子なのか」などというバカバカしいつっこみはやめましょう。あの椅子は背中を触診する際、クルッと回ってもらうのに便利だそうで、使われているのにはそれなりの理由があるのです。

「サービス意識に欠ける」などと話をすり替えてはいけません。

世界的に有名なクラウンの大棟耕介さんは看護学校で講演をすることがあります。あるとき、主催者から与えられたテーマは「愛のある看護」でした。大棟さんは看護師のたまごに向かってたたみかけます。

「看護の仕事は厳しいですよ。愛とか思いやりとかを考える必要は、今はありません。あなた方に必要なのは一刻も早く高い技術を身につけることです。点滴の取り換えに3分かかるなら、それを2分で終えられるように自分の技術を磨くことです。そうすれば空いた1分で愛とか思いやりを考える余裕も出るのではありませんか。順番を間違えてはいけません。たとえば腹黒くてお金のことしか考えていないけれど手術の腕が良くて病気を治せるお医者さんと、愛と笑顔に溢れているけれど病気が治せないお医者さんがいたら、患者さんにとってどちらが良いお医者さんでしょうか。ものには順序があるのです。腕が良くて初めてその先に愛や思いやりがあるのです。いいですか。病院は戦場です。毎日患者さんが重篤な状態で運ばれてきて、どんどん亡くなっていきます。それでも今日も明日も明後日も当たり前のように仕事は続けないといけないのです」

患者側もこの事実を共通認識にする必要があります。病院は戦場です。快適な空間であるに越したことはありませんが、それどころじゃない、命にかかわる現実が日々繰り広げられているのです。

私はお医者さんや看護師さんはもっと偉そうにしていて良いと思うのです。もっと給料が高くて当然だし、もっと休みをとってほしいとも思います。それだけのことをやっているのですから。

しかし「もっとお医者さんや看護師さんを尊敬すべき」という精神論だけでは問題は解決しません。順序を整理すると、まずは社会全体が医療関係者の奮闘を十分に認めること。その上で、つっこみどころが多すぎる医療の現状を、医療関係者と患者側がサービスの観点から一緒に考え解決していくことが必要だと思います。

病院には「ここを押さえておけば、いらぬトラブルを起こさなくていいのに」と思うポイントがあまりに多すぎるように感じます。代表的な課題は「待たせすぎ」です。

ある小児科では待ち時間を減らすために、専用サイトを使った予約サービスを取り入れています。携帯電話から予約を入れると、診察時間が「何時何分から」ではなく、「あなたの順番は○番目です」と番号で表示されます。そして、何番前になったらメールで知らせてほしいかを患者さんの側で選択できます。たとえば予約が15番目として、病院の近くに住む人なら「3人前」などと指定し、メールを受信してから病院に足を運べば長時間待たずに済むわけです。

院長先生によると、この機能が優れているのは「初診で来た患者さんをどの患者さんの次に入れるか、裁量に幅があること」だそうです。待合室で長時間待っている患者さんが多い病院だと、初診の人は一番後にするしかありません。

先日ある皮膚科に初診で足を運んだところ「3時間待ち」と言われて引き返して来ました。経営の観点から見れば、患者さんをみすみす追い返すのはもったいないことです。

初診の患者さんが「良い病院だ」と感じてリピートしてくれることによって、病院の経営は安定するのです。医療機関だって経営が安定しないことには良いサービスなどあり得ないわけですから、サービス以前の「世の中では当たり前のこと」にしっかりと着目する必要があります。

患者さんに喜ばれる本当のサービス改善に取り組んだ上で、お医者さんは人権、つまり、定休日には休む権利、夜はちゃんと寝る権利、家族と過ごす時間を持つ権利などをもっと主張してほしいと思います。そして「医療に本来あるべき誇りを取り戻したいのだ」と訴えるべきではないでしょうか。

学校の先生も同様です。教育の現場に誇りを取り戻せなければ良い教育などあり得ません。「教育もサービス業」などと保護者に言われる前に、本質的な部分で先生がもっと尊敬される世の中をつくっていく必要があると感じます。

「ダメな先生、努力しない先生」が注目されがちですが、多くの先生方は高い志を胸に日々、生徒の将来を考えているはずです。

建設業のサービス

ご縁があって、四国のある建設会社さんにサービスの具現化のお手伝いで毎月お邪魔しています。この7年間、もう百回近く伺っています。

この会社の社長さんと出逢うまで、私の建設業に対するイメージは「税金のムダ遣い、談合、天下り、癒着、いらない道路」、そんな感じでした。

しかし、工事現場を見せていただいて、私の価値観は180度変わりました。

最初に拝見したのは、海岸近くの小さな川をまたぐバイパス工事です。限られた工期の中では技術的に相当難しい現場だそうで、干潮の時にしかできない工事もあると現場監督さんから説明を受けました。ヘルメットをかぶり日焼けしたその顔には誇りがありました。

有料老人ホームの工事現場では、完成まであと数週間という中、現場が清潔に保たれ、どんどん運び込まれてくる備品や材料を監督さんが瞬時に指示を出してさばいていきます。スケジュールにはゆとりなどありません。たとえば搬入されてきた大量のセメント袋をどこに積み上げるかの判断を誤ってしまうと、それを移動する作業で数十分、ときには数時間もロスすることになります。時間との戦いでもある建設の仕事においては致命的なことです。監督さんは頭の中にどんなシミュレーションを描きながら指示をしているのか、たいへん興味を持ちました。

とても印象的な出来事がありました。

平成11年5月に全線が開通した「しまなみ海道」。正式名称を「西瀬戸自動車道」と言い、全長60キロ、9本の橋からなる瀬戸内海横断道路です。

これができて数年経ったころ、愛媛県にある養護施設の子供たちの日帰りキャンプをサポートすることになりました。下見と打ち合わせを兼ねて瀬戸内海にある大三島の役場を訪問。スケジュールやリスク管理についての打ち合わせが終わり、役場の方と雑談をする中で、私はしまなみ海道のことを話題にしました。

私「立派な橋が架かりましたね。すばらしい景色でした」
役場の方「ええ、これからは子供たちが病気しても命を落とさなくて済みます」

私は観光振興と利便性を話題にするつもりだったので、一瞬言葉に詰まってしまいました。役場の方によると、島でできる医療には限界があるため、今までは子供が病気になると、愛媛県の今治や松山に緊急搬送する際、夜間などは漁師さんにお願いして船を出してもらうことも度々あったそうです。「今は救急車で短時間のうちに搬送できるようになりました。本当にありがたいことです」としみじみおっしゃっていました。大三島は人口およそ7500人。ここに住む人にとって、この橋は命をつなぐ橋でもあるのです。

私は旅の行き先として離島を選ぶことが多くあります。北海道の利尻島、礼文島、奥尻島。九州では五島列島の小値賀島などにも足を伸ばしました。これらの島に住む方に「素敵なところですね」と話しかけると、誰もが「ええ、いいところですよ。病気さえしなければ」と答えるのです。

「地方の経済を費用対効果だけで考えるべきではない」と感じます。

話が飛躍しているように思われるかもしれませんが、サービスのベースになるべきものは「誇り」であると私は考えています。建設業がサービス産業であるためには「誇り」が存在することが必要です。

その誇りを政官民の癒着などによって、自ら汚してしまった人がいるのは事実でしょう。ただ、建設の現場を拝見して思いました。第一に、建設の仕事そのものが悪いのではなく、そこで動くお金や利権に群がる一部の人の心が汚れているだけ。第二に、社会のインフラを造る建設の仕事はこれからも絶対になくならない。第三に、日本の基幹産業のひとつである建設の仕事には技術の伝承が必要であり、しっかりと次の世代に受け継がれなければ日本の技術力に磨きがかからない。これは国家の損失である、と。

以前、成田からコペンハーゲンに向かう飛行機の窓から、着陸間際に見事な橋を見たことがあります。隣にいた女性に「素敵な橋ですね」と話しかけると、その女性は「そうよ、オアスン橋と言うのよ。私たちデンマーク人の誇りよ」と笑顔で答えてくれました。

私たちは瀬戸内海に架かる橋を外国人に「私たち日本人の誇りです」と胸を張って伝えているでしょうか。税金のムダ遣いという見方もあるでしょう。間に入って甘い汁を吸った人もいるかもしれません。でもそれは橋という巨大プロジェクトの本質＝軸ではないような気がします。

こんなすばらしい橋を架ける技術を持つ国は何カ国もありません。世界中の難しい橋やトンネルのプロジェクトでも日本の技術が使われていると聞きます。学校ではそのことを子供たちに教えているでしょうか。私たち大人もマスコミの扇動的な報道に同調するだけではなく、何が物事の本質かを自分のアンテナと価値観で見極めているでしょうか。

建設業におけるサービスマインド、つまり心の持ちようというのは「地域の暮らしや心豊かな生活を、誇りを持って守ること」だと訪問先の建設会社の社長さんに教えていただきました。

愚直に本質を追究している小さな会社もたくさんあります。そんなダイヤモンドの原石のような会社を磨き上げていくのは、住民の課題でもあります。


本当の意味でお国のために泥まみれになり汗している建設業界の現場の方にエールを送りたくてこの項を書かせていただきました。かつての私のように建設業を表面的な部分しか見ずに批判している方には、ぜひ真夏のアスファルト補修工事や、豪雨の中での緊急災害復旧工事などの現場を観察してみることをお勧めします。

現場は命懸けです。

本質はどこにあるかをしっかりと押さえてから評論、議論したいと思います。

お客様は自分自身を映す鏡

学校では波長の合う子供同士が友達になります。長い付き合いになる友人は、無意識にお互いが引き寄せ合っているのです。

お店や会社も同じ理屈です。腹黒いお店、腹黒い会社には腹黒いお客様が集まります。「あっちのお店で買うと損しますよ、うちで買うと得しますよ」と声高に客引きをするお店には、損得に敏感なお客様が集まってきます。得なうちは良いですが、一回でも「損をした」と感じさせたら、お客様はあっという間に消えていなくなります。金の切れ目が縁の切れ目ですが仕方ありません。それ以外の魅力を伝えてこなかったのですから。

「絶対儲かります」の詐欺話にひっかかって「騙された」とテレビのインタビューに首から下だけ出演して音声を変えてしゃべっている人がいますが、どう思いますか。「自業自得では」。私はそう思います。

この世に絶対儲かる話などないと、誰かから教わらなかったのでしょうか。もちろん詐欺師は巧妙に近づいてくるのでしょう。でも少し冷静になれば、おいし過ぎる儲け話など聞いても「だったらあなた、他人の私なんか誘わないで自分ひとりで儲けたらいいじゃないの」と思うはずです。


人は人を無意識に引き寄せるのです。邪念には邪気が集まってきます。

会社やお店にはその代表者の心が鏡のように映し出されています。壁に書かれた注意書き、カードのサインをする際に使うボールペンの書き味、旅館の部屋に置かれたお茶の質、店員・社員の表情にも代表者の心がそのまま映し出されています。働く人が浮かない顔をしているなら、それは経営者の眉間にシワがよっている証拠です。

客質が悪いと嘆く会社やお店は、その原因の多くが自分たちの側にあります。

書店に行くたびに考えるのですが、「いらっしゃいませ」とか「こんにちは」「ごゆっくりどうぞ」といった挨拶がほとんどないのは何か理由があるのでしょうか。ゆっくりされては困る理由、本を触られては困る理由は何でしょう。確かに商品の破損、汚れ、紛失は深刻な課題でしょうけれど。

挨拶のない書店に寄ってくるのは、やはり困ったお客様です。ある時、立ち読みをしている中年男性がいきなり携帯電話を取り出してカメラで本を撮影し、店員さんとトラブルになっている場面に遭遇したことがあります。分別ある中年とは思えない行動でした。注意した店員さんに対しては逆ギレしていましたから、まったく始末に負えません。

私が住む町の商店街には2軒の書店があります。

1軒はお店の外に張り紙があり「カバン持ち込み厳禁」「万引きは警察に通報します」と怒りに満ちたような太い字がマジックで書かれています。店主が「客＝万引き」と決めつけているようで、「すべての客を俺は信用していないからな」というメッセージがひしひしと伝わってきます。

私はそのお店には足を運ばなくなりました。悪意ある客を蹴散らすのは大切ですが、同時に善意の客も失ってしまっているのです。売上減少はオンライン書店のせいばかりではありません。

もう1軒の書店は、とにかく店員さんに覇気がない。暗いのです。客がお店に入っても何も買わずに出ても、ほとんど無視。挨拶はおろか会釈すらしません。本の在庫を聞くとパソコンでカチャカチャと検索して「在庫、切らしています。取り寄せると1カ月ほどかかりますがどうしますか」と、面倒なので取り寄せなどと言わないでほしいという態度が見え見えです。

できればリアル書店で本のにおいをかぎながら選ぶ楽しみを行使したいと思っても、気持ちよく立ち寄れる本屋さんが本当に少なくなりました。郊外に大型書店ができたり、インターネットで買えるシステムが発達したり、競争条件が以前と比較して格段に厳しくなっているのはわかります。出版社も出す価値があるとは到底思えない新刊を乱造して一方的に配本を続け、書店が迷惑しているのも事実でしょう。（この本に出版する価値があることを祈ります）

誰かに頼まれて「名ばかり経営者」をやっているならば、景気を愚痴るなり「最近のお客は……」とぼやくなりしていれば良いと思います。しかし今日も明日もこの地で商売をしようと決意したのであれば、考え方を変えてみるのも手ではないでしょうか。

お客様は自分自身を映す鏡です。逆に言えば、どんなお客様に来ていただきたいか、どんなお客様でこのお店がにぎわったらうれしいかをイメージしてみてはいかがでしょうか。マンガと週刊誌とベストセラーしか置かないのであれば、コンビニやオンライン書店にとって代わられて終わりです。

歯を食いしばって未来を創造するエネルギーを鏡に映していただきたいと思います。

話題を変えて、食品偽装の問題について。

ある筍の産地での話。

そこの筍は品質と鮮度が消費者に支持されて、高い値段で取引されています。ところが筍工場には大型トラックが中国からのコンテナを運んできて、隠すでもなく搬入していたのだそうです。加工品に使うのは高い国産品ではなく中国産というのがこの地域の常識になっていたというのです。このようなことを黙認するなど信じられません。当然、企業は密告され警察沙汰になったようですが、捕まった彼らはあのミートホープの社長と同じことを言うでしょう。「だって安さを求めているのは消費者でしょう」。

誠実さにはコストがかかります。安値の邪魔になるコストととらえるのか、信頼への投資と考えるのか、経営者の志ひとつでビジネスは変わります。

ただ、サービス提供者側を擁護すると、消費者には「誠実に商売をしている人」に応援の一票を入れてあげてほしいと切に願います。どんなに経営者が正しいことをしても、消費者が「そんなの関係ない」と無視してしまうと、悪貨は良貨を駆逐するような状態になってしまいます。すでに今の日本はかなりそんな状態に近くなっています。

日本という国に誇りを持とう

旅の良し悪しを印象づけるのは、お天気より人です。

地元の人と触れ合う機会の多い旅は、いつまでも記憶に残る良い旅になるものです。団体ツアーなどに参加して、しばらくするとどこへ行ったのか思い出せなくなるのは、行程が忙しすぎることも原因でしょうが、現地の人と接点を持たないため印象に残らないのではないかと思うのです。

私が旅を企画するときに願うことは「その土地を好きになってほしい」、この一点です。

どんな旅がしたいか伺うと、お客様は当然、行きたい場所、食べたいもの、買いたいものをおっしゃいます。そのご希望に沿って手配を進めることになりますが、言われたまままに準備するなら誰にでもできます。日本に一万社以上あると言われる旅行会社のどこに頼んでもほとんど同じです。当社の旅は企画の段階から「お客様にこの土地を大好きになってもらいたい。旅の終わりに季節を変えてまた来てみたいと言っていただきたい」とイメージしてつくっています。

なぜそう思うのか。

私は日本が大好きだからです。

20代の時、カナダに2年ほど住んでいました。アルバータ州のカルガリーでお土産屋の店員やツアーガイドの仕事をしていました。カナダは芯から国民に優しく、私には第二の故郷とも言える国ですが、そこで暮らした一番の収穫は日本が大好きになったことです。

海外に住んだ経験をお持ちの方なら共感していただけるのではないかと思いますが、外国では日本での常識が通用しません。カナダに住んでいた当時はあり得ないような体験をいくつもしました。

たとえば看護師や消防士が平気で一カ月以上ストライキをする。航空会社職員はカウンターでガムをかみながら接客し、スーツケースがなくなってクレームをあげると開口一番「私の責任ではない」。日曜日が定休日の百貨店。いつ着くかまったく見当のつかない郵便、なくなってしまう小包。小包を預けるとき、郵便局で最初に聞かれるのは「保険かけますか」です。極め付けはスーパーマーケット。ある日、イチゴを買いました。自宅に戻り、洗おうとプラスチックのケースから取り出すと、底にあったイチゴが傷んでいます。すぐに店に戻りカスタマーサービスにクレームをあげました。すると謝るでもなく「あなた、なんで買うときによく確かめなかったの」。これが自己責任の国、カナダです。

日本が好きな理由はいろいろなことがキチンとしていることもありますが、何よりすばらしいと思うのは誇れる歴史と文化があることです。もちろんカナダにも歴史や文化はあります。でもその深みは日本の比ではありません。学校でもっと歴史をきちんと学んでおけば良かったとカナダに渡ってから思いました。

日本に戻り、自分で旅行会社をつくる幸運に恵まれて、私は日本を知る旅をつくりたいと考えました。お体に障害がある人やご高齢の方はもちろん、自国をよく知るきっかけがなかった人たちと一緒にいろいろなことを知りたいと考えて、旅をひとつひとつ丁寧に作り上げています。

振り返ってみると、印象深い旅ばかりです。

函館では「函館生まれの函館育ち、漁師のせがれで昔はトラックの運転手だった」と言う観光タクシーのドライバーさんに、函館訛り丸出しの言葉で開拓の歴史や街に異国情緒が溢れている理由を教えていただきました。

秋田県の小坂町では、築百年を迎えてなお現役の芝居小屋「康楽館」で舞台を楽しみました。黒石市ではちびっこが歌う津軽じょんがら節に鳥肌がたちました。小学校に入る前から人前で歌う機会をもうけてステージに慣れさせるのだそうです。将来が楽しみです。地元の人に教えてもらい、立ち寄った道の駅弘前。ここで食べた一個100円のリンゴは今まで食べたリンゴの中で一番美味しかったです。

南へ足を向ければ世界遺産の島、屋久島があります。ここには15回は訪れています。テレビなどで有名になった観光地もたくさんありますが、島の人からすればそれはほんの一部です。屋久島空港にお客様と降り立つと、まず町営の屋久杉自然館に足を運びます。裸足になり栂《つが》の床の感触を足の裏で感じながら、学芸員の方に案内してもらって屋久島を学びます。大きさ、標高、雨量、地形や地層、杉の歴史と種類、林業の栄枯盛衰、そして屋久島の今。こういったことを学ぶのは島への礼儀でもありますが、お客様は知るとうれしいはずなのです。

昔、NHKのアナウンサーの鈴木健二さんが「知るは楽しみなり」とおっしゃっていました。旅はまさに知るは楽しみなりです。屋久島に関する基礎知識があるのとないのとでは、滞在がまったく違ったものになります。

旅の深みを提案できるのが旅行代理店の役割であり強みです。

先の函館に限らず、北海道に足を運ぶと必ずその土地を知ることができる場所に立ち寄って、お客様と一緒に時にはメモを取りながら学びます。たとえば小樽はすっかり観光地化されたイメージもありますが、博物館に行けば北海道の歴史は小樽から始まったことがわかります。旧日本郵船小樽支店では北海道開拓の壮大なロマンを聴き、はるか昔に想いを寄せます。勉強熱心なボランティアガイドさんや学芸員さんの深みのあるお話は、私たちの知的好奇心を満たしてくれるのです。

旅行中に昼間から酔っ払っている人がいますが、論外だと思います。

先日、ある観光地でボランティアガイドさんにお話を1時間聴かせていただき、お礼を言って別れました。そのガイドさんが次に案内した中年男性のグループは、昼間から出来上がっていて顔が真っ赤。添乗員さんは苦笑いしていました。

観光協会ではボランティアガイドさんへの礼儀として「飲酒している方の案内はしません」「まじめに聴かない人はお断り」といったルールをもうけても良いのではないでしょうか。ガイドさんが時間を費やして案内をしてくださるのに、それを真剣に聴こうとしない人を連れて来る旅行会社は意識の低さを認識するべきです。

お客様の言いなりになるのがサービスではありません。

国を知り、町を知り、お客様の知的好奇心や探究心を満たすことがプロに課せられた使命です。

観光庁が音頭を取り、外国人観光客の受け入れ態勢を整える努力していることは評価に値します。日本に暮らす私たちは、自分の国に誇りを持てるよう、自国をもっと知る努力をするべきだと私は考えます。

コラム

叶う親孝行　叶わない親孝行

私が運営する会社では、これまで旅をあきらめていたお客様の「夢を叶えること」をお手伝いしたいと考えています。

お問い合わせのメールやお手紙を何十通、何百通と頂き、拝見すると瞬時に「この夢は、いつまでには叶うな」「この旅行は実現しないだろうな」とわかります。それはほとんどの場合、当たります。

たとえばこんなご相談だと、夢は実現しません。

「親孝行をしたいとずっと考えていました。高齢の親は足が悪く、父は頑固で、それを支えている母がかわいそうで、そんな両親に旅行をしてもらいたいのです。体の悪い両親を説得して、納得できる旅をつくっていただいたとして、大体おいくらくらいかかりますか」

実現しない夢、実現しない親孝行はメールに「逃げ」が打ってあるのです。私がどのように回答をしても、その夢を実現できない「言い訳」が予め仕込まれています。「ああ、こんなに費用がかかるのでは、やっぱり無理だわ」となるのです。

値段を知りたいという心理はもちろんよくわかりますし、当社も見積もりを出すことはやぶさかではないのですが、見積もりを出す前に「企画料や相談料が別途かかりますが、よろしいでしょうか?」と伺うと、実現する意欲がないと、そこで「やっぱりやめておきます」となるのです。じつは旅に出られない理由はもっと違うところにあることがほとんどなのですが。

本気で夢の実現を願うお客様は、予算が限られている場合、それを正直に話してくださいます。あらかじめお聞かせいただければ、当社も「その予算でどんな夢が叶うか」をご提案できます。

「頑固な父を説得して」も旅は成功しません。旅行は人を「説得して」行ってもらうようなものではありません。「そもそも、ご両親は本当に行きたいと思っていますか？」と質問すると、息子さんや娘さんが「親孝行したい」だけの場合もあります。

親孝行に即効薬はありません。ご両親が昔好きだったことを熱心に聴き、会話の中から親の「心の蓋《ふた》」を取ることが先決です。親孝行の実現には時間がかかるものです。たとえば今、冬だとして「春に旅行してもらおう」などと性急に考えないことです。半年で親の心が動けばめっけもの。1年以上のインターバルが必要なケースも多いのです。

旅行会社の人間が言うのもなんですが、親孝行は旅行をプレゼントする以外にも方法はたくさんあります。

離れて暮らす親に電話一本してあげること。いつもより少し多く会話してあげること。そんなことでも十分「親孝行」だと、まずは肩の力を抜いてみてください。そこから自然とあなたの望む「親孝行の形」が見えてきます。

おわりに

サラリーマンという職業が勤まらずにスピンアウトして会社をおこした私ですが、夢とかベンチャースピリッツとか、そんなカッコイイものは持ち合わせていませんでした。

それでも会社を運営していると、今までになかったご縁も生まれるようになり、違った分野や立場の方ともお話をさせていただくことが増えました。

会社を設立してから自分なりに無我夢中の11年を過ごして、この本を世に送り出せる幸運に逢えたことを心から感謝します。

私はこの本を日本、いや地球という船に乗っている乗組員として、同じ船で共に航海している仲間に語りかけるつもりで書きました。

船には船長をはじめ航海士も機関士もいます。食事を作ってくれるコックさんもお医者さんもいます。船から離れたところには灯台守がいてくれて、海上保安庁の万全の警備もあるおかげで安心して航海することができます。

中学や高校を出てすぐに船に乗ったばかりの人もいれば、定年間近の人もいるでしょう。そこには誰ひとりとして手を抜いている人はいないはずです。日本人は元来まじめで、チームプレーを得意とし、お互いがお互いを尊敬しながらそれぞれの役割を全うしています。

社会も船と同じようにチームメンバーの集合体です。ケンカしたり批判したり、無視したりしていては船は前に進みません。

サービスは、提供する側と受ける側とが常に双方向にかかわっていて、常にサービスをつくる共同作業をしています。私はこの考え方をもっと大勢の方と共有したいのです。

今の日本はリーダー不在と言われます。確かに政治の世界を見ていると、その指摘は当たっているようにも思えます。しかし、それが事実だとしても、たとえ強いリーダーがいなくても、日本には世界で群を抜いて優秀な、ひとりひとりの国民がいるから大丈夫と考えることはできないでしょうか。

現場には仕事への尊厳や誇りを持って職務に邁進している人が大勢います。その尊厳や誇りにしっかりと目を向け、お互いを認め理解することができれば、日本におけるサービスマインドはさらに高いレベルへと進んでいけるはずです。

繰り返します。

サービスは双方向です。

サービス力を高めたいと思ったら、まずは自分が相手へしっかりとメッセージを送ることです。

「ありがとう」「美味しかった」「大変なお仕事ですね、応援しています」

そんな小さなひと声の積み重ねが、長いスパンで見たときに、日本のサービス力をもっと上げることにつながるはずです。

サービスは双方向だとお互いが認識してこそ、より高いレベルのサービスに向かっていけるということを、お客様にしっかりと伝えてさしあげてください。お客様に説教をするのではありません。双方向のサービスのあり方を丁寧に根気よく伝えるのです。それはお客様の幸せのためでもあります。

私のような若輩者が、仕事を通じて得た経験や考え方を体系化し、日本全国を歩いてサービスの考え方を伝道したいなどと思ったのは、サービスは人を幸せにするために存在することを、ひとりでも多くの方にお伝えしたかったからです。

お客様の幸せはもちろんですが、この大変な社会環境で日々奮闘されている経営者のみなさんにも「会社をやっていて良かった」と思える幸せが与えられるべきです。そして何よりも現場で毎日汗して働く方々が、サービス提供を通じて「幸せだ、心豊かだ」と感じられるような日本であってほしいと願っています。

ただ、「やりがいを感じられない」と会社を辞めようと考えたり、迷える子羊のように自分探しをしている方にはお伝えしたいことがあります。

「仕事にやりがいがない、やりがいのある仕事がしたい」という話をよく聞きますが、私はこの「やりがい」という言葉がしっくりきません。

私は「いつかは自分で会社を経営したいと思っていました。起業が夢でした」というタイプとは違います。〝ベンチャースピリッツ度〟ゼロの人間です。単にサラリーマンが勤まらない性格だったので、他に選択の余地もなく、自分で会社をおこすことにしただけです。

それでも、サラリーマン時代に「もっとこうだったら良いのに」と感じることを自分で試してみようとは考えました。日本一お客様目線、お客様想いの旅行会社をつくれたらいいなあ、と。現実は思い通りでないことの方がはるかに多いですが。

私が仕事をしていて感じるのは「やりがい」より「やらされがい」です。自分で積極的に選んだ人生ではありませんから、やらされている感じです。ただし、後ろ向きにではなく前向きに、です。神様から「まあ、この仕事をやってごらん」と言われて仕事を「授かっている」イメージです。

親や生まれる場所や生まれる国は選べません。でも不満を言ったらバチが当たります。仕事も本当は「選ぶものではない」のではないか。そんなふうに考えています。

私はサラリーマンという仕事からは「お前は資格なし」と言われ、その役割を全うさせてはもらえませんでした。だからこそ、次に与えていただいた「障害がある方、ご高齢の方のための旅行会社経営」という授かりもの、預かりものに傷をつけないよう、大切に大切に毎日仕事をさせていただいている感覚です。

先日、ある方からこんな質問を受けました。

「高萩さんは、もし今の仕事についていなかったら何をしていたと思いますか」

私には想定外の質問で答えられませんでした。そんなこと、考えたこともありません。

「生まれ変わったら、今度はどんな仕事をしてみたいですか」

この質問には、こうお答えしました。

「もし願いが叶うなら、もう一度、まったく同じ人生を歩んで、この仕事をやらせてほしい。今度はもっと勉強して、もっと大勢の方の人生の役に立ちたい」

私は自分の人生は恩返しの人生だと思っています。迷惑をかけた大勢の知人・友人への感謝、期待に応えられなかったお客様への申し訳なさ。そういったことを全部ひっくるめて、私を支え応援してくださっている方への恩返しをしたいと思っています。

サービスとは人間学のようなもの。最近そう思うようになりました。テクニック的なことやマニュアルに書いてあることの実践ももちろん大切ですが、結局のところサービスとは、私たち人間が人から受けた恩をまわりまわって社会へ返すことなのではないでしょうか。

心豊かな人の優しさ、温もりを感じられるような社会がいつまでも続くよう、その役に立てるよう、微力ながらこれからも日々精進していきたい。そう決意して、この本の締めの言葉とさせていただきます。

あなたのお仕事、人生を心から応援しています。
最後までお読みいただきましてありがとうございました。

平成22年8月10日　札幌・大通のホテルの快適な客室にて

高萩徳宗

Takahagi Noritoshi

《 プロフィール 》

ホームページ　http://www.beltempo.jp/

ブログ　http://ameblo.jp/b-free/

有限会社ベルテンポ・トラベル・アンドコンサルタンツ 代表取締役

1964年8月10日生まれ。大分県出身。

株式会社小田急電鉄勤務を経て、カナダ・アルバータ州にて旅行業を経験し、帰国後、株式会社日本旅行に入社。1999年有限会社ベルテンポ・トラベル・アンドコンサルタンツを創業。障害がある方やご高齢の方と一緒に年間100日以上を旅する、バリアフリー旅行の第一人者。

「本当のサービスとは何か」という視点で、お体が不自由なお客様がなかなか足を運べない場所への旅を積極的に企画。一方、2009年まで7年連続でホノルルマラソンチャレンジツアーを企画し、自らもフルマラソンを3回走るなどユニークな企画も実施している。年齢や障害の有無に関係なく、旅ができる社会環境をつくることを目指して、常にお客様への「究極のサービス」を提供することにこだわり続ける。

コンサルタントとしても【おまけや値引きはサービスじゃない】など、従来のサービス感とは異なる角度からサービスの本質を提言。大手企業から自治体まで、サービスの伝道師として幅広く講演、研修、セミナー等を実施。また、旅行会社、観光施設などのバリアフリー＆サービスコンサルタントとしても活動。新潟県、熊本県、三重県、秋田県などの自治体をはじめ、ホテル、航空、鉄道、建設会社等の多種多様な民間企業でも講演や研修を行っている。

《 著書 》

「バリアフリーの旅を創る」(実業之日本社)

「サービスの教科書」(明日香出版社)

「売れるサービスのしくみ」(明日香出版社)

【サービスの心得】

初刷 ―― 二〇一〇年十一月十五日

著者 ―― 高萩徳宗

発行者 ―― 斉藤隆幸

発行所 ―― エイチエス株式会社　HS Co., LTD.
064-0822
札幌市中央区北2条西20丁目1-12佐々木ビル
phone : 011.792.7130　fax : 011.613.3700
e-mail : info@hs-prj.jp　URL : www.hs-prj.jp

発売元 ―― 株式会社無双舎
151-0051
東京都渋谷区千駄ヶ谷2-1-9 Barbizon71
phone : 03.6438.1856　fax : 03.6438.1859
http://www.musosha.co.jp/

印刷・製本 ―― 株式会社総北海
乱丁・落丁はお取替えします。

ISBN978-4-86408-459-8